语文学习任务设计

原理、方法与案例

闫存林 著

DESIGN OF TASK-BASED CHINESE LEARNING
Principles, Methods and Teaching Cases

中国人民大学出版社
·北京·

图书在版编目（CIP）数据

语文学习任务设计：原理、方法与案例/闫存林著．--北京：中国人民大学出版社，2022.9
　　ISBN 978－7－300－30964－4

　　Ⅰ．①语… Ⅱ．①闫… Ⅲ．①中学语文课—课程设计 Ⅳ．①G633.302

中国版本图书馆 CIP 数据核字（2022）第 156394 号

语文学习任务设计：原理、方法与案例
闫存林 著
Yuwen Xuexi Renwu Sheji：Yuanli、Fangfa yu Anli

出版发行	中国人民大学出版社			
社　　址	北京中关村大街31号	邮政编码	100080	
电　　话	010－62511242（总编室）	010－62511770（质管部）		
	010－82501766（邮购部）	010－62514148（门市部）		
	010－62515195（发行公司）	010－62515275（盗版举报）		
网　　址	http://www.crup.com.cn			
经　　销	新华书店			
印　　刷	北京华宇信诺印刷有限公司			
规　　格	720 mm × 1000 mm　1/16	版　次	2022年9月第1版	
印　　张	15.25　插页 1	印　次	2023年12月第4次印刷	
字　　数	200 000	定　价	78.00元	

版权所有　　侵权必究　　印装差错　　负责调换

目录

序 / 李希贵 / 1

总　论　基于标准的语文学习任务设计 / 3

　　一、一份课堂教学评价量规 / 5

　　二、从单篇到任务群 / 8

　　　　（一）单篇教学阶段 / 8

　　　　（二）专题教学阶段 / 9

　　　　（三）任务群学习阶段 / 12

　　　　（四）基于标准的语文任务学习 / 15

第一章　细化课程标准 / 19

　　一、常态学习模型 / 21

　　二、基于标准的语文学习任务架构 / 22

　　三、细化课程标准 / 23

　　四、细化举例 / 24

　　　　【案例叙事之一：5000字与非虚构文学阅读】 / 26

第二章　制订学习目标 / 33

一、目标的意义 / 35

二、教学目标与学习目标的区别 / 37

三、制订学习目标的依据 / 38

四、将课程标准转化为学习目标 / 39

【案例叙事之二："狂欢节"里的语文学习】 / 40

第三章　叙写学习目标 / 49

一、叙写学习目标的一般原则 / 51

二、学习目标的基本要素 / 52

三、学习目标的维度 / 54

（一）以布卢姆的教育目标分类来确立目标维度 / 55

（二）基于理解的教学设计的预期学习结果分类 / 56

（三）韦伯的知识深度分类 / 58

（四）语言、思维、价值三维分类 / 60

【案例叙事之三：为曹孟德撰写一篇祭文】 / 62

第四章　凝练语文学科大概念 / 71

一、语文能力的结构化 / 73

二、语文学科大概念 / 74

三、语文学科大概念的表现形式 / 75

【案例叙事之四：编辑一个诗歌单元】 / 77

第五章　提出核心问题　/ 83

　　一、核心问题的价值　/ 85

　　二、核心问题的特征　/ 85

　　【案例叙事之五：海明威与《老人与海》】　/ 87

第六章　设计核心任务　/ 107

　　一、人是如何学习的　/ 109

　　二、基于项目的学习　/ 110

　　三、学习任务辨析　/ 112

　　四、学习任务设计的原则　/ 115

　　五、子任务的设计　/ 119

　　六、任务的可选择性　/ 122

　　【案例叙事之六：讲道理不止一种方式】　/ 126

第七章　提供学习支架　/ 135

　　一、什么是学习支架　/ 137

　　二、学习支架的恰切性　/ 138

　　三、学习支架的种类　/ 139

　　【案例叙事之七：我们去讲《西游记》】　/ 143

第八章　学习评价　/ 157

　　一、学习评价的内涵　/ 159

　　二、学习评价的类别　/ 160

　　三、评价量规　/ 167

　　【案例叙事之八：初入《红楼梦》】　/ 169

第九章　教与学的实施 / 173

　　一、教与学的基本流程 / 175

　　二、小沐同学的学习视角 / 176

　　三、教师的设计视角 / 178

　　【案例叙事之九：编写古代诗歌学习手账】 / 181

第十章　网络学习平台的搭建 / 187

　　一、网络学习平台的现实性 / 189

　　二、网络学习平台的架构 / 190

　　三、学习平台设计的注意事项 / 191

　　【案例叙事之十：我来写熟悉的劳动者】 / 193

第十一章　语文教师的角色定位 / 197

　　一、语文教师的角色定位 / 199

　　二、语文教师的专业能力 / 200

第十二章　文本细读：札记五则 / 205

　　一、《孔乙己》的叙事视角 / 207

　　二、走近《红楼梦》：宝黛爱情 / 210

　　三、《背影》的背后 / 213

　　四、《项脊轩志》归有光需要"借书满架"吗 / 216

　　五、关于杜甫《石壕吏》中的"老妇出门看" / 218

参考文献 / 223

后　　记 / 227

序

李希贵

熟知闫存林老师的人,都愿意把他和君子连在一起。仁义礼智信,温良恭俭让,这些平常不太提及的词语,都会因为见到存林,哪怕是望见他的背影而涌入我们的脑海。

坦荡磊落的胸怀是存林赢得学生爱戴的根本。从他嘴里,我们从未听到过所谓"一切为了学生"的口号,然而,他所做的一切,让我们不得不佩服他在学生身上的用心良苦。那种父母般的真心,那种不求回报的心态,那种忘我助人的情怀,其中的纯粹让我们感佩。

我和存林有一个共同的爱好,都喜欢叶圣陶先生的文章。叶老关于"教是为了不教"的论述,高屋建瓴,完全跳出语文学科,直指育人规律。叶老的一段论述,存林在书中已特别提及,这也是存林一直在践行的。叶老说:"我如果当中学教师,决不将我的行业叫作'教书',……而我呢,却要使学生能做人,能做事,成为健全的公民。"

说实话,作为身处21世纪的教育工作者,尤其是曾经的中学语文教师,每当想起叶老的这些宏论时,依旧赧颜汗下。平心而论,几十年来的上下求索,尽管我们在许多领域有所突破,然而,在学科教学与育人总目标的融合上,却并没有找到顺畅而有效的路径。这也是我和存林老师以及北京市十一学校语文学科的老师一直不能释怀的事情。

2017年,北京市十一学校教师代表大会的主题是"从教走向学"。作为大会主席，存林老师会后即带领语文学科的同事们开始了新一轮的探索。他们以学习任务的设计、实施为突破口，试图将必备品格和关键能力的培育落地课堂。他们通过细化课程标准，帮助学生明确学习目标。他们设计了一系列有意思、有意义、有可能的挑战性学习任务，并给学生提供了大量自主学习、合作解决问题的工具箱、资源包和学习支架，甚至连供学生自我评估学习结果用的量规也一并进行了开发。这是一个系统而浩大的工程。我非常清楚他们在这一过程中遇到的荆天棘地。他们有时步履维艰，有时上下交困，有时数米而炊，势成骑虎，不可如丘而止。终于，存林们迎来了柳暗花明，开始感叹教书育人的别有洞天。

在十一学校毕业生的朋友圈里，你经常可以见到那些老校友对存林老师课堂的依恋。出于敬佩，他们一直称存林老师为"闫 Sir"。存林的学养是我见过的语文教师中最卓著的之一。他在课堂上信手拈来，常常把学生带到诗和远方，带到一个个空灵的世界、忘我的境界。我想说的是，如果不做任何改变，凭存林的才华横溢，他当然是毋庸置疑的卓越的语文教师。然而，他还是决定改变自己，正如他在后记中提及的，改变的初心正是他深爱学生。

这本书是存林和老师们几年来艰辛探索的结晶，我也愿意把这本书看作存林老师再一次涅槃的标志。任何一个领域的领跑者，无不具有自我否定、自我超越的品格。语文教学改革没有终点，但有明确的目标。从这本书里，我们可以清楚地看到，存林和老师们已经笃定了这样的目标，并为此孜孜以求。我们完全有理由相信，几年之后语文教学一定会有更加振奋人心的新进展。

（李希贵，中国教育学会副会长，北京第一实验学校校长，北京十一学校原校长）

总论

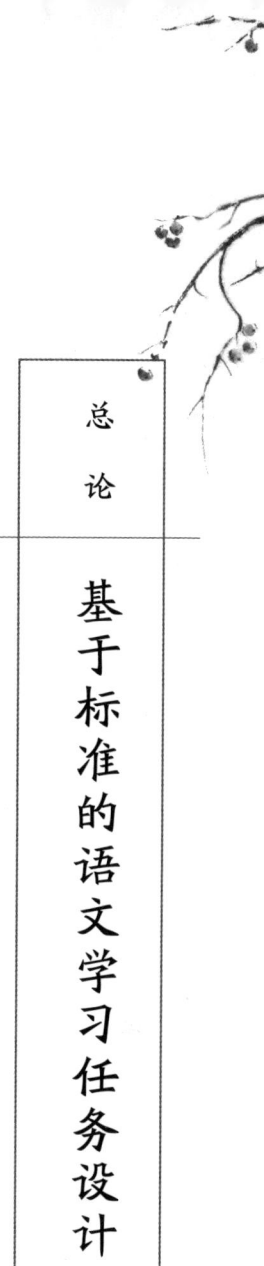

基于标准的语文学习任务设计

一、一份课堂教学评价量规

作为教师，我们每天的教学生活都处于评价之中。

学生看着讲台上的老师，心中有意或无意地在进行评价；同事或者领导进入课堂听课，更是直接且有目的地评价。当然，每节课之后，或得意于自己的教学设计之巧妙，与学生产生了良好的互动，营造出了和谐的教与学氛围；或因准备不充分而陷入自责的情绪之中，不一而足。

然而，评价最终指向何处，却是一个值得深思的问题。

评价的目的在于诊断，在于使一个人变得更好。对教师来说，重要的不仅仅是借助评价不断完善自我，诊断课堂，更是对自己所从事的职业有更高的觉解——通过自己的努力让另一群人成为更好的自己。

然而，一些来自他人的评价却往往会使我们陷入误区，让我们纠结于教学的着力点。

下表是一份常见的课堂教学评价量规。

一份课堂教学评价量规

表现	赋分
1. 仪表端庄，教态亲切、自然	5分
2. 温故到位，导入新课自然、有趣	5分
3. 语言流利，表达顺畅，有感染力，自然，富有逻辑性，普通话标准，并富有情感	10分
4. 重点、难点讲练突出、适当并符合知识建构理论	20分
5. 多媒体辅助教学手段使用得当	10分
6. 在教学方法方面基本采用了"学生为主体、教师为主导、启发诱导、学思结合"的当代教育新理念	15分
7. 课堂气氛活跃，双边活动充分，收放恰当，并具有有效性和可控性	15分

（续表）

表现	赋分
8. 课堂评价新视野的"六种状态"良好	10分
9. 板书工整，书写速度快，板书内容的主、副区布局合理	5分
10. 时间分配合理	5分

这个课堂教学评价标准一共有10条，达到这10条所规定的一定标准，课堂就可以被称为优质课堂。我们且从评价对象方面对这10条做一个分类。

第1条、第2条、第3条、第4条、第5条、第9条分别从教师的仪态、导入、语言、讲解、使用多媒体以及板书等方面对教师进行评价；第6条、第7条、第8条、第10条关注课堂的具体表现。从比例来看，近70%的评价指向教师的表现。由此我们便可以得出一个结论，评价一节课就是评价一位教师的表现。换言之，一节好课便等于一位教师的优秀表现。这也可以解释教师听课时的一种常见现象，就是听课教师基本都是坐在教室后面，面对讲课教师，而学生则是背对着听课教师，学生的神情反应、学习交流状态基本上是被漠视的。因为听课教师的眼里大约只有讲台上的教师。教师处于这样一个聚光灯所照的位置，那么精心完善形象就应该是一个重要的选择了。于是，教师的角色很有可能渐渐向一个表演者发展，他们潜意识中把讲台当成展现自己才华的舞台。

基于这样的角色定位，教师就会将教学工作的着力点定位在"教"上，从而研究"教什么"，研究"如何教"。于是，我们的教学观念天然地就停留在以"教"为中心的层面上。当然，我们并不否定教的价值，因为毕竟从古至今"师者，所以传道受业解惑也"作为教师功能的定位并没有轰然坍塌。在一个"知识就是力量"的时代，获取和传承知识就是教育的重大价值，而"教"便是极为高效且便捷的方式。

然而，在当代社会，教师作为知识的霸权者已经岌岌可危，人们获取知识的途径已经趋于多向化，教师已然不是学生获取知识的唯一途径。而且在面向未来的教育中,这种以"教"为中心的课堂存在明显的弊端。这样的教学在很大程度上导致学生的学习是"被学习"。一般而言,"被学习"可能会导致如下几种结果。

其一,很多时候,学生并不知道学习最终要走向哪里,或者说学习的结果究竟是什么。于是,对不知道最终走向的学习,我们很难确定其意义。

其二,因为不知要走向哪里,所以,学生对教师的依赖性就非常大。没有教师,学生基本就不会学习。这也就可以解释为什么传统的课堂教学评价要指向教师,因为教师就是学生的引路人。然而,俗语说得好:"师傅领进门,修行在个人。"叶圣陶先生也说过:"教是为了不教。"因为我们不可能永远伴随在学生身旁。

其三,教师与学生均会渐渐进入舒适区。何谓舒适区?即基于惰性而怠于思考的状态。对教师,尤其是对拥有一定教学经验的教师来说,最舒适的莫过于面对一大群学生进行讲解了。因为讲完了,任务也就完成了,好像交付一件东西一样。当然,这件东西学生是否能接得到却是一个未知数。而学生的舒适区则在于仅仅听讲便可,不大去动脑思考,对自己所学的东西并不十分负责任,即使老师问到若干问题,回答不上来也无所谓。而怠于思考的学习一定不是真正的学习。所以,凡舒适区大都值得我们警惕。

其四,学生在未来的社会中,将欠缺强大的学习力。未来社会的发展需要决定了一个人最重要的能力不是拥有足够多的知识,而是能否根据情境随时开始学习。一个总是依靠教师讲解的学生,很难形成强大的学习力,因为他可能很少有机会锻炼自己的学习力。

其五,因为总是依赖教师,所以学生不会规划自己的学习,乃至不会规划自己的人生。以教为中心的教学,一切都是按部就班,学生依据教师所规定的程序进行学习。学生就像一个执行运行命令的程序,不用做出独立的判断,不用自己制定规划,因为一直以来便无须自我规划。每一节课、每一个步骤,负责任的教师会给学生规划得明明白白。学生很少有选择的空间,当然也就没有自我规划的机会。

所以，从以教为中心转向以学为中心，绝不仅仅是回归学习的本质，回归教学的本质，更为重要的是培养学生终身学习的习惯与随时可以进入学习的能力。立德树人，绝不仅仅是灌输和接受，更为重要的是唤醒学生的内在动力，让他们拥有成为一个真正大写的"人"的自觉意识。

二、从单篇到任务群

对语文教学内容与教学方式的探索，语文教育工作者从没有停下变革的脚步。在吸取语文前辈优秀经验的基础上，语文教学从单篇教学走到现在的任务群学习阶段。

（一）单篇教学阶段

语文课的终极任务是提升学生的语文核心素养，而语文学科核心素养是学生"在真实的语言运用情境中表现出来的语言能力及其品质"[1]。其中的"语言能力及其品质"的直接外在表现就是阅读能力与表达能力。

夏丏尊先生对此有通俗的解释：语文不过就是两件事，"他能从文字上理解他人的思想感情，用文字发表自己的思想感情，而且能不至于十分理解错，发表错"[2]。概括说来，第一就是阅读，第二就是表达。对通过怎样的途径来达成这两样语文能力，叶圣陶先生对此也有表述："知识不能凭空得到，习惯不能凭空养成，必须有所凭借。那凭借就是国文教本。"[3]

我们无法苛责叶圣陶先生不能够超越时代，站在今天的人才需求情形下去审视语文学习。于是，从国文课本一直到统编教材，大多是以单篇课

---

[1] 中华人民共和国教育部.普通高中语文课程标准：2017年版2020年修订[M].北京：人民教育出版社，2020：4.

[2] 夏丏尊.夏丏尊教育名篇[M].北京：教育科学出版社，2007：96.

[3] 中国教育科学研究院.叶圣陶语文教育论集[M].北京：教育科学出版社，2015：3.

文呈现。虽然也有单元，但单元不过是文体的分类。这样，长久以来，语文教师就是以教课文为己任，他们往往深度解读，力求讲深讲透。因为单元基本以文体来组合，因此，课文与课文之间大都相对独立，并没有一定的内容上的逻辑关系。

学习朱自清的《荷塘月色》对理解郁达夫的《故都的秋》并不能产生怎样的影响。彼此孤立的文本学习往往会造成学生思维的逼仄，使他们不能从更深更广的角度对一个问题形成多元比较的视野。况且，因为要一篇一篇地教课文，所以，即使是薄薄的一本语文书，教师也总是完不成任务，感慨课时不够。学生便在教师的深度讲解中逐渐成长起来。当然，在讲解的过程中，教师也会设计问题，与学生"良好地"互动，但很多互动或者问题不过是引导学生"入我彀中"，得出教师预设的答案而已。

我们可以仔细研究一下：在此过程中，学生的语文素养是如何发展起来的？在一篇篇课文的学习中，学生的内心究竟发生了怎样的变化？学生习得语文能力的途径究竟是怎样的？学生的语文能力究竟是如何实现结构化的？这些问题往往令我们生出困惑。在一个思维可见化及科学化的时代，我们决不能以"书读百遍，其义自见"来搪塞。况且教师对一篇篇经典课文的深度解读会渐渐变成语文课的唯一目的。然而，我们都知道，讲解课文、理解课文应该是提升学生语文素养的一个手段。如果把达成语文素养的手段变成教师追求的目的，那可能就造成语文课的异化。当然，我们并不是否定单篇，而是认为单篇一定要放在一个领域里，而不能孤立地对待，纵然这个单篇是经典，也需要在比较中发现它的价值。

（二）专题教学阶段

很多有识之士觉出了单篇教学的局促，其逼仄的空间让学生的思维没有呼吸的空间。实际上，比较与辨析是思维发展与提升的重要方式。没有比较的思维训练，学生很难形成系统化、结构化的思维能力。于是，在单篇教学的狭隘空间里，有很多老师开始探索专题教学，将教材中的多篇文字按照一个统一的人文主题来重构，如江南诗歌专题、女性文学专题、战国四公子专题、侠义文学专题、李杜诗歌专题、新闻专题、新诗专题等等。在关注文体的同时，将若干篇体现相似主题的文字整合起来集中教学。各篇文章互相参照，从不同角度对相似主题进行阐释。这样，教学与学习的思维空间一下子就打开了。实际上，在20世纪20年代，梁启超先生就曾说过："须选文令学生多看。不能篇篇文章讲，须一组一组的讲。讲文时不以钟点为单位，而以星期为单位。两星期教一组或三星期教一组，要通盘打算。"[①] 我们且看一个专题教学案例：

新诗亦如歌：现代诗歌音乐美的呈现

【教学目标】

体会音乐性对诗歌的重要性，学会从音乐美的角度鉴赏诗歌，提高现代诗歌感悟鉴赏力与审美情趣。

【教学重点】

鉴赏现代诗歌的内在音乐性。

【教学难点】

体会现代诗歌音乐性的和谐统一。

教学以教材中四首诗歌为例：

《也许——葬歌》：被同学们认为最具音乐性的诗。

《天狗》：初读时被同学们认为太直白、无美感的诗。

《河床》：始终被同学们关注最少的诗。

《秋歌——给暖暖》：音频作业中被朗诵最多的诗。

【教学过程】

一、导入新课

二、鉴赏诗歌的音乐性

---

① 梁启超. 梁著作文入门 [M]. 北京：中国工人出版社，2007：38.

1. 为什么觉得《也许——葬歌》最具音乐性？

学生朗读、感悟、鉴赏。

学生在感知《也许——葬歌》音乐性的基础上，明确诗歌音乐性的内涵。

2. 有同学认为《天狗》无美感，它有没有音乐性？如有，其音乐性如何体现？

学生朗读、感悟、鉴赏。

3. 再读最少被关注的《河床》，有没有新的发现？从音乐性的角度谈谈感受。

学生朗读、感悟、鉴赏。

学生在鉴赏三首诗歌音乐性的基础上，小结鉴赏诗歌音乐性的方法。

4. 如何在朗读中表现诗歌的音乐美？以《秋歌——给暖暖》为例。

学生结合朗读谈经验。

学生谈自己的《秋歌——给暖暖》朗诵方案并诵读。

5. 如何在诗歌创作中表现音乐美？

学生谈自己认为最具音乐性的诗作并说理由。

学生结合自己的创作，谈谈如何表现音乐美。

6. 课堂小结。

（本案例为北京市中关村中学于玉贵老师的设计初稿）

这是一个较为完整的专题教学案例。教师围绕"现代诗歌的音乐美"这个主题重构了单元，打破了过去以单篇为主的教学设计（以一首诗为课时单元，从各个角度对该诗进行深入解读），而是以一个主题（诗歌的音乐性）横向拓展，通过比较、辨析不同的文本对这一鉴赏点进行讨论，带领学生进入深度学习。

所以，从这个意义上说，相较于单篇教学，专题教学是一个理念上的进步。它可以拓展学生的思维空间，让学生有比较、辨析的意识，从而提升思维能力。教师已经清醒地意识到专题教学更有利于学生语文素养的提升与可持续发展；当然，专题教学对教师的学科能力、学科素养要求也会更高。

然而，如果以"学"为标准对这个专题教学的设计进行衡量，我们就会发现，本专题尚欠缺一个驱动性的学习任务贯穿学生学习的始终。换言之，这个专题的设计理念并没有脱离"教"这一核心。

教师以问题主导了整个学习过程，学生只是按照教师设计的问题进行思考、互动，他们最终可能并不能就此形成探寻诗歌音乐美的具体路径与策略。然而，在学生之后的人生中，元认知策略的积极运用应该是让他们随时能够进入一个新的未知领域的基本能力。

因此，从学的层面来讲，专题教学的视角还应发生转变。

（三）任务群学习阶段

《普通高中语文课程标准（2017年版）》（以下简称《课标》）的颁布与推行应该被看成课程改革的一次富有建设性的变革，《课标》第一次明确地对语文核心素养进行了界定。

几十年来，语文教学从未停下探索的步伐，对语文究竟要培养学生怎样的能力，无数的语文前辈都做出了重要贡献。从叶圣陶、夏丏尊到张志公、章熊、于漪等，他们是杰出的语文教育家，我们无法否认他们对语文学科本质的理解已经达到了一定的境界，当然我们也不可否认对语文学科本质的探索并未因为他们的卓越而止步不前。

过去曾经提倡"双基"，即基础知识和基本技能。显然"双基"的提法是从学科的视角来表征课程与教学的内容与要求。它是外在的，对学科的揭示是单维度的，这样就不可避免地会将语文的功能狭隘化。后来是"三维目标"，即知识与技能、过程与方法、情感态度与价值观。在"双基"的基础上增加了"过程与方法""情感态度与价值观"两个维度，使语文的内涵丰富起来，开始强调语文学习的元认知与人文性。应该说，三维目标是对"双基"的一次迭代。"但三维目标依然有不足之处，其一是缺乏对教育内在性、人本性、整体性和终极性的关注，其二是对人的发展内涵，特别是关键的素质要求缺乏清晰的描述和科学的界定"。[①]

《课标》基于语文学科本质凝练了本学科的核心素养，明确了学生学习语文后应达到的正确价值观、必备品格和关键能力，对知识与技能、过程与方法、情感态度与价值观三维目标进行了整合。《课标》从过去对语文比较模糊的描述中走了出来，第一次让教师看到了语文的内核，而不是像过去那样需要教师依据自己的教学经验去摸索。

《课标》指出："语文学科核心素养是学生在积极的语言实践活动中积累与构建起来，并在真实的语言运用情境中表现出来的语言能力及其品质；是学生在语文学习中获得的语言知识与语言能力，思维方法与思维品质，情感、态度与价值观的综合体现。主要包括'语言建构与运用''思维发展与提升''审美鉴赏与创造''文化传承与理解'四个方面。"[②]这四个核心素养里，"语言建构与运用"是基础，是其他三个核心素养达成的必经途径，因为无论是思维、审美还是文化，没有语言的支持终是无根之木、无源之水。

那么，如何发展学生的语文素养呢？上述引文中有两个短语值得我们重视：一是"积极的语言实践活动"，一是"真实的语言运用情境"。这两个短语很明确地指出了发展学生语文素养的基本途径，即学生自己在真实的语言运用情境中进行积极的语言实践活动，其强调以"学"为中心的理念，而不是像过去那样模糊不清，导致教师大量讲解，学生长期处于被动听讲的地位。现在已经明确教师的功能之一就是，设计语言运用情境，设计学习任务。简言之，就是应该让学生做事，让学生在做事中发展自己的语文素养。

且继续阅读两段《课标》的描述：

[①] 余文森.核心素养导向的课堂教学[M].上海：上海教育出版社，2017：51.
[②] 中华人民共和国教育部.普通高中语文课程标准：2017年版[M].北京：人民教育出版社.2018：4.

从祖国语文的特点和高中生学习语文的规律出发，以语文学科核心素养为纲，以学生的语文实践为主线，设计"语文学习任务群"。"语文学习任务群"以任务为导向，以学习项目为载体，整合学习情境、学习内容、学习方法和学习资源，引导学生在运用语言的过程中提升语文素养。若干学习项目组成学习任务群。

学习任务群以自主、合作、探究性学习为主要学习方式，凸显学生学习语文的根本途径。这些学习任务群追求语言、知识、技能和思想情感、文化修养等多方面、多层次目标发展的综合效应，而不是学科知识逐"点"解析、学科技能逐项训练的简单线性排列和连接。学习任务群的设计，旨在引领高中语文教学的改革，力求改变教师大量讲解分析的教学模式。①

以上文字值得我们细细阅读，它对我们转变观念，实现从教到学有着重要的指导作用。我们用图示将这段文字的核心词语梳理如下。

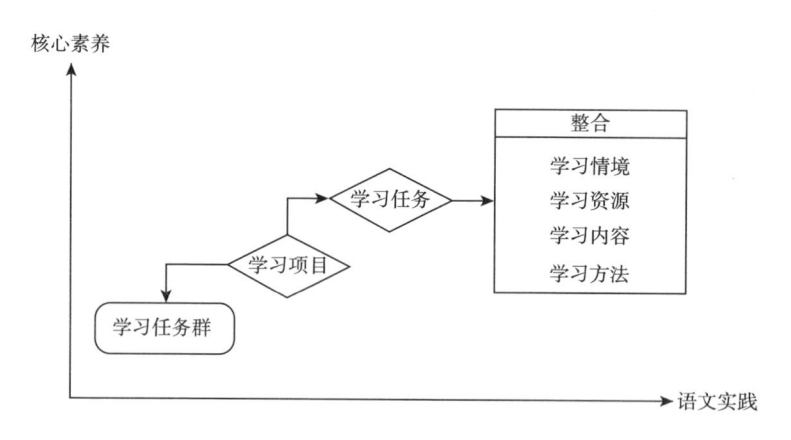

语文实践与核心素养相关核心词图示

其中最重要的关键词语是：语文实践、学习项目、学习任务群。

---

① 中华人民共和国教育部.普通高中语文课程标准：2017 年版 [M].北京：人民教育出版社，2018：8—9.

将这些词语组织在一起，暗示着一个观念：课堂是学生学习的地方，而不是教师表演自己才华的地方。一切教学活动都必须在由核心素养与语文实践所构成的坐标系里进行。

于是，基于标准确定学习目标，设计富有驱动性的学习任务，赋予课堂语文学习一定的真实性，便是一个教师的主要任务。

在这一过程中，学生的学习是看得见的，学习也能够真正地发生。

所以，任务性的学习与专题学习最大的不同之处就在于，一个脱不了以"教"为中心的影子，而另一个就是以"学"为中心，真正将学习呈现在课堂的每一处。

举例来说，学习侠义文学单元，重要的不是按照侠义这个主题重组一系列文言文，如《刺客列传》《大铁椎传》《红线女》《虬髯客传》《聂隐娘》等，以主题重构的单元仅仅是一个内容专题，远不是一个学习单元。

而一个学习单元则必须让学生有兴趣去做事，在做一件事的过程中学习、研读文本。

那么，如何让学生主动去研读文本以达成学习目标呢？

我们不妨如此设计学习任务：在即将到来的一场角色扮演的狂欢活动中，从以下侠义人物中，选择其中一个为老师进行装扮。

我们可以想象，这样一个任务既具真实性，同时又能驱动学生仔细研读文本，进行相互比较，最后在比较与辨析中确定一个人物。于是，一个侠义文学的专题单元就变成了一个"以任务为导向，以学习项目为载体"的语文学习实践活动。

（四）基于标准的语文任务学习

《课标》的重要意义之一在于其凝练了语文学科核心素养，提出了实现学习的路径与方法——设计学习任务群。

我们现在使用的统编教材，当然是基于课程标准编写的，尽可能符合课标的理念，实现课标所倡导的教学方式——以自主、合作、探究性学习为主要学习方式。

当然，统编教科书并不是对过去教科书的彻底颠覆，从中我们还能看见之前人教版旧教材的影子，比如主要以单篇课文呈现的单元组合，还有不少熟悉的经典课文。这对有多年教学经验的老教师来说，颇具亲和力。

统编教材与传统教材也有明显的不同，那就是它极力打破单篇教学的指导模式，让教师在一个任务群的理念下审视这些课文，而不是像过去那样一篇一篇地完成教学。

首先，它的单元组合方式打破了过去以文体组合的方式，更加注重内容。表面上是以人文主题来组织单元，如"青春的赞歌""学习之道"等，实际上暗合了课标所倡导的任务群，如"青春的赞歌"单元属于"文学阅读与写作"，而"学习之道"则是"思辨性阅读与表达"。由是观之，统编教材在单元重组上遵循了两条线，明线是人文主题，凸显语文的人文性，而暗线则是任务群，凸显语文的工具性。

其次，每篇课文虽然与过去大同小异，但课文后面却取消了过去常见的"思考与练习"，取而代之的是"学习提示"。这便暗示教师不能按照过去的思维方式继续进行单篇处理，而应有单元整体观照的意识。一篇课文并不是孤立的存在，应该把它放到整个单元里来观照。

最后，每个单元的所有课文之后，整体设计"单元学习任务"。这一点应该是统编教材贯彻新课标以任务来引导学生学习之理念的具体呈现。

当然，我们也不无遗憾地发现，统编教材在学习任务设计这一板块，还有很长的路要走。换言之，统编教材的单元还远不能为教师彻底走入以"学"为中心提供一劳永逸的学习任务设计。当然，我们也不奢望教材能够提供一个普适性的学习任务设计，因为毕竟各地学校、学生差异性很大。但我们并不能因此否认统编教材的学习任务设计还有进一步优化的空间。也许这也是统编教材编者的良苦用心，为一线教师因地施教、因人施教留下较为广阔的设计空间。

且看《普通高中教科书语文必修上册》第一单元的学习任务设计。

一、本单元作品抒发的都是青春情怀。作品中的哪些地方最让你感动？哪些是你以前未曾留意，而读过之后感受很深的？哪些已经点燃了你思考人生、积极上进的热情？认真阅读、欣赏这些作品，从你最有感触的一点出发，与同学就"青春的价值"这一话题展开讨论。

二、反复诵读本单元诗歌作品，围绕"意象"和"诗歌语言"探讨欣赏诗歌的方法，揣摩作品的意蕴和情感，感受不同的风格。

1. 五首诗歌风格各异，但诗人都善于运用意象表达自己的情思。任选一首，想一想：诗中运用了哪些意象？这些意象有怎样的特点？激发了你怎样的情思？如何通过意象来欣赏诗歌？记录下自己的思考，写一则札记。

2. 查找毛泽东《沁园春·长沙》的写作背景资料，建议阅读埃德加·斯诺的《毛泽东自传》，了解毛泽东青年时期的革命经历，加深对这首词主旨的理解。还要注意感受词作的意境，抓住"红遍""尽染""碧透"等富有表现力的词语去欣赏这首词。选取自己印象最深的一点进行分析并与同学交流。

3. 任选一首诗，有感情地朗读，把你对诗作的理解通过朗读表达出来。同学之间相互点评。

三、《百合花》写的是战争年代一名革命军人的牺牲，《哦，香雪》写的是改革开放初期山村少女对现代生活的向往。两篇小说的时代背景不同，表现的青春情怀却都是那样感人。阅读时要联系特定的历史背景来理解作品的内涵，结合自己的阅读感受欣赏小说的描写艺术。从两篇小说中各选择一两个感人片段，揣摩人物的心理活动，分析典型的细节描写，并作简要点评。

四、青春之美，在人的一生中是弥足珍贵的。结合本单元诗作和能够引发你思考的其他作品，发挥想象写一首诗，抒写你的青春岁月，给未来留下宝贵的记忆。注意借鉴本单元诗歌在意象选择、语言锤炼等方面的手法，使诗作多一些"诗味"。汇总所有同学的诗作，全班合作编辑一本诗集作为青春的纪念。[①]

这个单元由五首诗歌和两篇短篇小说组成。但在单元学习任务的设计中，我们除了知道这些文本都是统一在一个"青春情怀"的主题上，其他关联并不清楚。该单元学习任务并没有能够从学科大概念的角度对文本进行整体观照，设计出一个具有驱动性的核心任务。或者说，没有一件可操作的事情让学生能够关联不同的文本，完成一个任务。

所以，该单元学习任务设计表面上是学习任务，但并没有脱离原来旧教材单篇思考与练习的窠臼，只是将过去放在每一篇课文后面的"思考与练习"合并在一起罢了。即使像诗歌的任务设计，也是诸如"任选一首，想一想：诗中运用了哪些意象？这些意象有怎样的特点？激发了你怎样的情思？如何通过意象来欣赏诗歌？记录下自己的思考，写一则札记"这样的表述，并没有将诗歌关联起来进行设计。学生在完成任务的过程中，只是孤立地思考一首诗歌的特点，与过去教师的单篇教学没有本质区别。

何况，在具体的教学过程中，这样的学习任务设计也没有让教师明白短篇小说究竟如何和诗歌建立一定的关联。最终的结果就是，教师仍是按照过去单篇教学的经验来进行教学，没有很好地体现以学习任务来驱动学生学习的理念。

所以，统编教材单元学习任务的形态具备了，而实际内容还有待一线教师进一步去开发，真正实现"在真实的语言运用情境中"，让学生进行"积极的语言实践活动"。

基于以上分析，我们应该围绕统编教材提供的良好学习资源与学习建议，依托课程标准的核心理念，重构适合学生进入真正学习情境中的学习任务框架。这里我将其称为"基于标准的语文任务学习"。

[①] 教育部. 普通高中教科书语文必修上册[M]. 北京：人民教育出版社，2019：29.

第一章 细化课程标准

一、常态学习模型

现在颇为流行的基于项目的学习（Project-Based Learning，简称 PBL）是一种基于建构主义理论的情境化学习方式。在 PBL 中，学生参与到真实的任务情境中，对真实而有意义的问题进行探讨。PBL 具有五大特征。

1. 从一个需要解决的问题开始学习。这个问题被称为驱动问题（Driving Question）。这个驱动问题类似于我们下文将要谈到的核心任务。

2. 学生在一个真实的情境中对驱动问题展开探究，在探究过程中学习及应用学习思想。

3. 教师和学生一起寻找解决问题的方法。

4. 教师为学生提供学习支架，帮助学生在活动的参与中提升能力。

5. 学生最后要形成一套能够解决问题的产品，它们是课堂学习的成果，可以公开分享并接受评估。

我们可以借鉴 PBL 的方式来构建符合语文学科特征的学习模型。基于标准的语文任务学习是指，在细化课程标准的前提下，根据学习单元的内容确定恰切的学习目标，设计富有挑战性的学习任务，在真实的语言运用情境中让学生主动进入学习，并能在学习过程中借助学习支架与评估量规进行自我评价的学习方式。最终学生能够通过学习达成任务并学会学习。

而一个常态的学习模型是这样的（见图 1-1）：

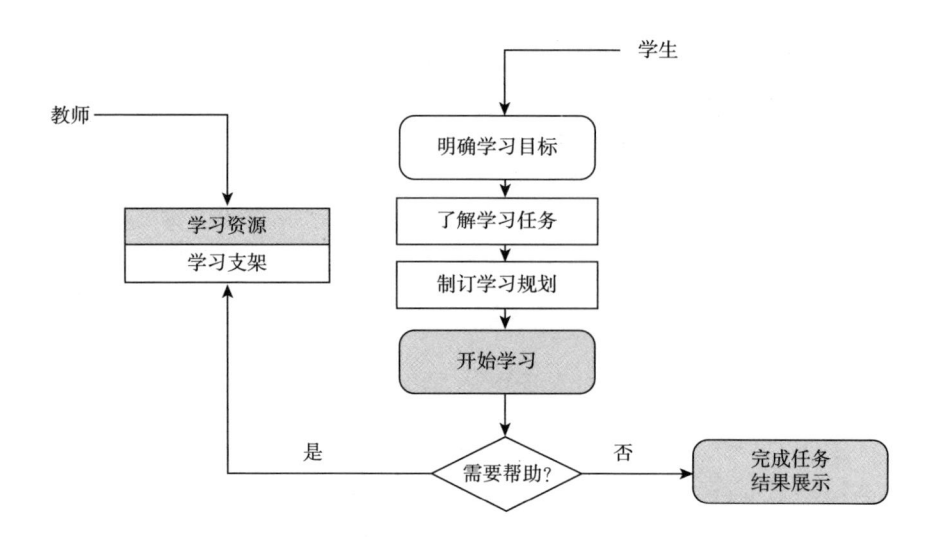

图 1-1　一个常态的学习模型

二、基于标准的语文学习任务架构

一般而言，基于标准的语文学习任务包含以下几个环节：

细化课程标准→确定学习目标→确立学科大概念→提出核心问题→设计核心任务→分解为若干子任务→确定学习资源→提供学习支架→设计评估量规→学习作品发表。

图 1-2 是一个基于标准的语文学习任务的基本架构。

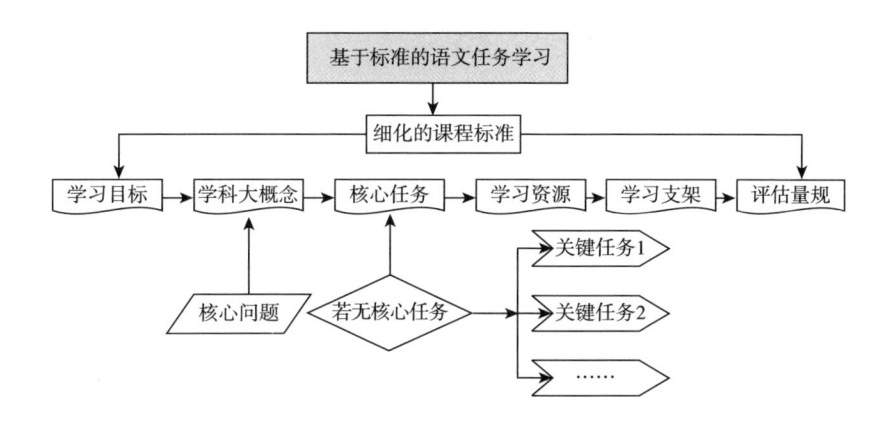

图 1-2　一个基于标准的语文学习任务的基本架构

三、细化课程标准

我们且先谈第一个问题——细化课程标准。

为什么要细化课程标准？

要回答这个问题，我们首先来看看课程标准的特点。

其一，国家颁布的《课标》，遵循普适性的原则。它要适应全国各地的每一所学校、每一位学生。它是所有高中语文教师教学必须遵循的"宪法"。

其二，因为要最大限度地实现普适性和规范性，所以，国家层面的课程标准不可能细化到每一个年级。它要给一线教师留出因环境不同、因学生状况不同而适时调整的空间。

因此，课标一定是一个纲领性的指导文件，而不是一个细化的课程操作手册。

但是，实际的情形是，各地的教育状况并不均衡，或者说学生的学情不尽相同，我们必须根据自己学校的特点以及学生的特点将课标进一步细化，即进一步细致描述，使其更富有针对性。

而且，课程标准并没有分年级、分学段进行描述。因为语文的特殊性，我们无法清晰地确定"文学阅读与写作"任务群与"中国现当代作家作品研习"任务群在语文能力目标上的差异。虽然课标针对各个任务群作了大致的学习目标与内容的描述，但在实际教学过程中仍缺乏明确的层级性。于是，最可能导致的结果就是高一、高二阅读文本不同，而能力训练的重点却没有什么不同，给学生的感觉就是不断在重复。如果我们不能在语言建构、思维发展以及审美鉴赏上做出不同学段不同目标的要求，我们的教学设计就极有可能陷入重复，很难将语文知识结构化。

所以，在特定的维度上对国家课程标准进行细化，是必要的。但这需要教研组集合力量进行研究，依据语文核心素养来分年级、分学段描述。标准细化可以从学习实践活动的三个维度——阅读与鉴赏、表达与交流、梳理与探究进行描述。当然，理想的细化标准应该是分学段描述，即每个学年均分成两个学段。

四、细化举例

下面仅以"阅读与鉴赏"为例说明。

课程标准：鉴赏文学作品。感受和体验文学作品的语言、形象和情感之美，能欣赏、鉴别和评价不同时代、不同风格的作品，具有正确的价值观、高尚的审美情趣和审美品位。[①]

细化后的标准（仅举高一、高二阶段的细化）：

高 一

【阅读与鉴赏】

1. 能整体感受文学作品中的形象，把握思想观点和情感倾向，借助联

[①] 中华人民共和国教育部. 普通高中语文课程标准：2017 年版 2020 年修订 [M]. 北京：人民教育出版社，2020：6.

想和想象丰富自己对文学作品的体验和感受。

2. 能对作品的内容作出自己的评价。

【结构与技巧】

1. 能利用思维导图等工具分析各部分内容之间的关系，发现观点、情感和材料之间的逻辑联系。

2. 能够分析作者通过词语的准确选用、细节的勾勒，塑造人物，表达情感。

3. 能够分析作品对人物的刻画技巧（语言、动作、细节）对表现人物的重要作用。

4. 能够辨别作品中使用的修辞手法（比喻、拟人、夸张、排比、反问、设问等），并分析其表达效果。

【比较与延伸】

1. 能比较两个以上的文学作品在主题、表现形式、作品风格上的异同，能对同一个文学作品的不同阐释提出自己的看法或质疑。

2. 能理解各类作品中的文化现象和观念，能理解和包容不同的文化观念。

高　　二

【阅读与鉴赏】

1. 能结合作品的具体内容，阐释作品的情感、形象、主题和思想内涵。能品味语言，感受语言的美。

2. 能对作品的内容作出自己的评价，并能列出证据来支持自己的评价。

【结构与技巧】

1. 能分析作者是如何架构文本（平行结构）、控制时间（如控制节奏、闪回）的。例如行文顺序、详略安排以及悬念的设置、前后呼应等，以造成特定的文本效果。

2. 能分析作者如何利用语句的节奏、背景的渲染，在作品中营造出特定的基调。

3. 能分析作品通过对人物正面及侧面描写来烘托人物形象（以人衬人，以物衬人，通过环境描写衬托人物）。

4. 能辨别作品中使用的修辞手法（比喻、拟人、夸张、排比、反问、设问等），并分析其表达效果。

【比较与延伸】

1. 能比较多个不同作品的异同，能对同一作品的不同阐释发表自己的观点，且内容具体，依据充分。

2. 能结合具体作品，比较、分析古今中外各类作品在文化观念上的异同。

细化标准的目的就是，更好地在不同年级、不同学段落实核心素养，将课标中具有指导性的条文变成更具可操作性、可检测性的教与学的标准。当然，在细化标准的时候，我们一定要谨慎对标，绝不能出现误解标准，乃至歪曲标准的描述。

【案例叙事之一：5000 字与非虚构文学阅读】

一

按照既定的教学计划，我们将要学习的单元是"非虚构文学阅读"。

这是一群年龄尚处于初三阶段的孩子，因为学制的缘故他们不用参加中考，所以，在其他同龄孩子正在准备中考的时候，我们有比较充裕的时间尝试学习方式的变革。

假如是过去，面对这样一个单元主题，我们一般会如何教学呢？无须过多思考，我们脑海中就有这样一个蓝图：教材中或许会有一个关于新闻、报告文学的单元，一般会有 3—4 篇经典文字，这是教学的文本基础。然后，便是一篇一篇地学习。学生在教师的带领下，阅读文章，咀嚼文字，进而弄懂文章所要表达的思想感情以及所运用的表现手法等。如果一篇课文用 2 课时完成，那么，这一个单元大约需要两周时间。

　　学习内容不同，但学习的方式好像亘古不变。这样的学习方式合乎逻辑的地方在于它的认知系统以及班级授课的高效率，但其忽视的却是学生的自我系统，即并不看重学生是否有强烈的动机去自我学习。

　　《课标》里谈到，语文学科核心素养"是学生在积极的语言实践活动中积累与构建起来，并在真实的语言运用情境中表现出来的语言能力及其品质"。这里强调"积极的语言实践活动"其实就是努力开启学生的自我系统，让学生的学习从被动变成主动，激发其强烈的求知欲与参与欲。

　　于是，学习应该有一个核心任务，且这个核心任务是处于一个真实的语言运用情境之中。

二

　　回到"非虚构文学阅读"单元学习上。

　　首先，我们切入一个名词——非虚构文学。过去教材上一般呈现的大多是新闻、通讯、报告文学之类。且不说这样的分类方式是否切合文本的表现特征，单从名称上看，便很难给学生带来一种新奇感。而新奇感来源于陌生感。所以，在教学中努力营造一种陌生感以调动学生学习的积极性，也应是教师备课时着重考虑的。

　　非虚构文学从文本特征上区分于虚构，可以涵盖更为广阔的文本类型，且对这个年龄段的孩子来说，一个具有学术味道的词语可以让他们平添一种高端研究的心理感觉。

　　想想看，当你看着一群十三四岁的孩子满口"非虚构"的时候，你是否会觉得学习的深度与广度一下子就加深、延展了呢？

　　有了单元学习主题，意味着有了一个大致的学习方向，即学生明白我们要学习非虚构文学的阅读与写作。然而，学习方向并不是学习目标，或者说并不是明确的且可操作、可检测的学习目标。

　　学习目标的确立在整个教学以及学习过程中是至关重要的一个环节。

　　那么，本学习单元通过非虚构文学的阅读与写作要达成怎样的目标呢？

三

结合国家课程标准以及本年级的课程标准确定以下学习目标：

【积累目标】

1. 能够分辨纪实文学与其他叙事类作品的区别，了解纪实文学的特点。

2. 能够在阅读文献资料的基础上初步概括出非虚构文学作品的特征。

【阅读目标】

1. 在阅读纪实类作品时，能够洞察作者的主旨，推断作者的情感倾向。

2. 能够识别并分析纪实类作品的叙述策略，例如修辞手法、独特的开头方式等。

3. 在观看纪录片或其他非文字资料后，能够体会其与非虚构作品的不同表达效果。

【写作目标】

1. 能够完成一篇长篇纪实文学作品（不少于 5000 字）。

2. 会搜集材料，剪裁得当，主题集中，有一定的感染力。

四

学习目标确定后，便是选择学习资源。此处采用"学习资源"这个词语而不是阅读文本，主要原因在于实现学习目标所需资源不仅仅包含文本资源，还会涉及非文本资源，如视频、图像、音频等。

资源的选择所遵循的原则就是——适切，适切学习目标，适切学生实际，适切国家课程标准。在这样的前提下，学习资源尽可能丰富多样，具有开放性和延展性。

那么，非虚构文学应选择哪些学习资源呢？我们将其分为四大类：第一类：短篇非虚构文学作品（包括长篇的节选）；第二类：关于非虚构文学的理论及争鸣；第三类：与非虚构主题相合的整本书阅读；第四类：作家讲座。

四类资源分别指向不同的功能。第一类，通过若干短篇非虚构文学作品的阅读，让学生初步感知非虚构文学作品，弄清虚构与非虚构的区别。第二类，在初步感知非虚构文学作品的基础上，让学生阅读相关理论，深入理解学界关于非虚构文学概念的界定、语体特征及阅读方法。第三类，让学生进入整本书阅读，回归生活中阅读的真实状态，在更为广阔的领域里体验非虚构文学的魅力。第四类，让学生近距离接触非虚构文学作家，了解一部非虚构文学作品是如何诞生的。

具体学习参考资源如下：

短篇非虚构文学作品：胡冬林《金角鹿》、李娟《冬牧场》(《冬牧场》节选)、范雨素《我叫范雨素》(源自网络)。

非虚构文学理论资料：梁鸿《非虚构的真实》、房伟《"现实消失"的焦虑及可能性》、徐勇《"非虚构"：一个亟待厘清的范畴》、王安忆《虚构与非虚构》。

整本书：埃德加·斯诺《红星照耀中国》、梁鸿《中国在梁庄》、蕾切尔·卡森《寂静的春天》、柴静《看见》、彼得·海斯勒《寻路中国》。其他推荐：冯骥才《一百个人的十年》、阿列克谢耶维奇《锌皮娃娃兵》、李娟《冬牧场》《我的阿勒泰》。

影视及作家讲座：《舌尖上的中国》《我们诞生在中国》、梁鸿"非虚构文学写作"。

五

看起来很美的一个学习单元设计，学习目标明确而富有检测性，学习资源丰富足以支撑学习过程。然而，我们有一个问题：学生凭什么会主动学习这些资源？换言之，阅读的动力何在？

长期以来我们习惯于操控学习过程，学生按部就班进行学习，然后教师进行检测，我们很少考虑学习者的自我系统是否开发。渐渐地，学生也以为这便是学习的常态，从而等待老师讲解，等待老师检测。

所以，我们需要一个核心任务来推动学生的学习，也就是《课标》里提及的"积极的语言实践活动"。

我们设想，有了这样一个核心任务，学生就能主动阅读相关资源，不仅阅读教师提供的相关资源，还可能自己去寻找更加合适的学习资源以帮助自己更好地达成任务。

这个核心任务就是最后的看得见的学习产品：关于身边的陌生人——非虚构文学创作5000字。对一个十三四岁的学生来讲，形成5000字以上的非虚构文学看起来很难，因为他们习惯于写作不少于600字的简单记叙文。

然而，学生的潜力却是无限的。于是，基于项目式学习的理念，我们这样设计课程：

单元学习伊始，教师与学生共同明确学习目标，提出最后要达成的核心任务：完成一篇5000字以上的非虚构文学作品。每个人都猜得到学生会怎样反应：老师！怎么可能？！您也太看得起我们了！

六

先不着急去写。先看看别人是怎样写的。什么样的文字是非虚构文学？他们写了什么人、什么事？他们为什么要写这些人、这些事？他们是如何架构文字的？模仿是你写作的第一步。

这样阅读就有了动力，有了意义。学生的阅读从单纯了解文字告诉读者什么变成了学习——学习它的表达，学习选材的意义，学习事件与人生的关系。换言之，学生的阅读是带着一定的功利性的，他们内心有一个需求，就是自己的阅读对完成最终的任务有良好的指导与促进作用。更为重要的是，这样的项目式学习彻底改变了过去语文课单纯的"教师讲，学生听"的模式，学生必须从原来的舒适状态走出来，进入他们不一定愿意但一定会增强其学习力的学习过程中。

有了一定的空间与时间后，学生必须自我设计学习进程：面对一堆学习材料，他们根据自己的学习路径与学习习惯，可以选择先阅读关于非虚构文学的理论文章，也可以先读短篇作品积累感性的认识。

学生会更加主动积极地思考问题，比如，"这篇文字为什么不是小说，根据是什么？""这篇文字的开头有怎样的特点？你是否喜欢这样的开篇方式？""文章是以怎样的顺序呈现的？""你觉得要写出这样的作品需要哪些方面的积累？""这篇文字最动人处是哪里？为什么会打动你？"……

所有这些问题均有现实意义，它们不仅指向文本，还指向最后要达成的任务。在阅读文本思考问题的时候，学生已经开始考虑：我怎样开头？我将用怎样的顺序？我用什么来打动读者？我要积累哪些材料与知识来支撑我最后的非虚构写作？

研读完短篇非虚构文学作品以及关于非虚构文学的相关理论后，学生进入整本书阅读。

整本书阅读分组进行，四人一组，从教师提供的非虚构文学作品中选定一本互助阅读。阅读任务包括两个方面：其一，从以下角度举例分析本书的特点，如故事脉络与结构、人物（身份、动作、心理、圆形人物还是扁平人物、经历）、场景（镜头、空间、氛围）、对话、细节、叙事人称、作者形象和立足点、叙事距离、叙事节奏、主题等。其二，用思维导图的方式呈现本书的内容。

最后，学生选择了《红星照耀中国》《寂静的春天》《看见》《寻路中国》《锌皮娃娃兵》等书，深度理解了一本书的表达。

学生知道了虚构与非虚构的区别，知道了非虚构文学作品存在的意义，并且知道了一般非虚构文学的表达方式，已经初步萌生了表达的欲望。

教师趁热打铁，邀请了作家梁鸿老师为同学做了"非虚构文学写作"的讲座，梁鸿老师结合她的《中国在梁庄》用讲故事般的语言为学生真实呈现了一种写作状态，将非虚构文学写作变得更加亲切可感，使其不再是高不可攀、只能仰望的高端表达。

这样，最后的任务便呼之欲出了。

教师向同学们说：你了解你身边的人吗？虽然他们和你朝夕相处，但你却对他们熟视无睹。你了解你的爷爷、奶奶吗？他们有怎样的童年和青年？他们是否和你一样无忧无虑地上学？你了解每天在楼道里为我们打扫卫生的阿姨吗？她叫什么名字？她的孩子是否也和你一样在读书？你了解那个每天站在校门口的保安吗？他从哪里来？他有没有读书的愿望？每天看似很熟识的人，却是很陌生的人！

你如何走入他们的世界？走进去，怕是5000字打不住的。

七

学生眼里已经不再是当初听到要写5000字时的不可能，因为他们已经知道什么是非虚构。

于是，他们确定写作对象，撰写了采访提纲。他们或笔录，或录音，开始收集第一手的资料。他们说："老师，5000字远远不够我写我爷爷的。"

最后呈现出来的作品题材多样。有写爷爷、奶奶、爸爸、妈妈的，有写老师的，有写校园欺凌的，有写奋斗中的保安的。先前很难相信自己能够写出5000字，现在大都接近1万字。重要的是，通过非虚构文学单元的学习，学生重新认识了周围的世界、他人的世界、自己的世界。

八

当然，一个学习任务应该有一个贯穿始终并且能够一直引发人们去思考的核心问题。这样，每一个任务学习完毕，既是一个终点，也是一个起点。终点意味着一个单元主题的结束，起点意味着问题的思考和探讨真正开始。那么本学习任务的核心问题便是：非虚构作品，如何在清晰表达事实的同时又具备感染力？

这个单元持续了多长时间呢？阅读10节课，写作两周，课下完成。

第二章

制订学习目标

一、目标的意义

没有目标的教学可能是无意义的教学，没有目标的学习也可能是无意义的学习。从宏观的层面讲，我们是用语文来育人；从微观的层面讲，我们是教学生掌握祖国语言的运用规律。

思考目标是我们教学的伊始，也是我们教学的终点。叶圣陶先生曾说：

> 我如果当中学教师，决不将我的行业叫作"教书"，……我与从前书房里的老先生其实是大有分别的：他们只须教学生把书读通，能够去应考试，取功名，此外没有他们的事儿；而我呢，却要使学生能做人，能做事，成为健全的公民。[①]

> 我无论担任哪一门功课，自然要认清那门功课的目标，如国文科在训练思维，养成语文文字的好习惯，理化科在懂得自然，进而操纵自然之类；同时我不忘记各种功课有个总目标，那就是"教育"——造成健全的公民。[②]

理论上，每一位教师都知道撰写教案时必须思考自己的教学目标。但实际的情形是，有相当数量的教师并不看重教学目标，明显的证据就是，如果我们审视有些教师的教学目标的话，那些目标很难实现，或者说我们很难从学生那里找出足够的证据来证明我们的教学目标实现了。

于是，教学目标往往被当成一个可有可无的要素列在那里，大而无当。教师在设计教学的过程中常常注重内容的设计、教学步骤的设计。当然，基于教师的素养与多年的教学经验，学生的语文成绩也在不断提升。

[①][②] 朱永新. 叶圣陶教育名篇选[M]. 北京：人民教育出版社，2021：108，110.

但作为一名理性的教师，我们不能让自己总是依据经验进行教学。我们教学的一切行为都应该是有学理支持的，都应该是为了实现某个目标而教。

我们且看被称为美国课程之父的泰勒在其《课程与教学的基本原理》中的陈述：

一、学校应力求达到何种教育目标？
二、要为学生提供怎样的教育经验才能达到这些教育目标？
三、如何有效地组织这些教育经验？
四、我们如何才能确定这些教育目标正在得以实现？①

这四条基本原则，均是紧紧围绕目标来表述的。从某种意义上说，没有目标就没有教育。教育永远是一种自觉的行为，而非生存的本能。做一件事情必须意识到何以要做这件事。人的差别在于对做某件事的觉解度（冯友兰语），而不是没有任何觉解。

且用图 2-1 来说明学习目标的意义。

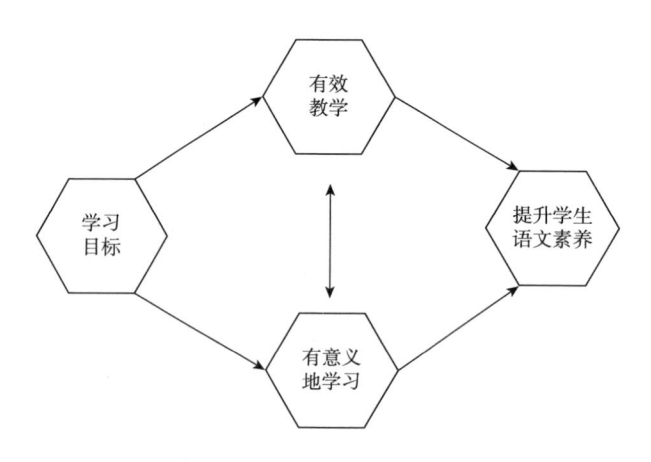

图 2-1　学习目标的意义

---

① 泰勒.课程与教学的基本原理[M].罗康，张阅，译.北京：中国轻工业出版社，2016：导言 1.

此图揭示的内容就是：如果教学目标明确，那教师的教学就是有效教学，否则就是无效或者低效的；如果学习目标明确，那学生的一切学习活动就是有意义的，否则就是无意义的。而有效教学与有意义地学习共同促进学生不断成长。

二、教学目标与学习目标的区别

我们明明知道目标很重要，但为什么在教学设计中又很容易忽略目标呢？或者说，为什么我们很少花心思去仔细打磨教学目标呢？我们是否考虑过，当我们写下如下教学目标——"通过学习本篇文章，激发学生的爱国情怀，培养学生的爱国情操"时，我们是否会想到，一节课后，我们要如何证明学生的爱国情怀被激发了呢？

当然，并不是说语文课程中不能有这样的目标导向，但重要的是目标是否具有可操作性。我们往往依据经验来教学，而经验告诉我们的往往是怎样教，而不是为什么这样教。而目标解决的问题正好是为什么教和为什么学的问题。

以上文字用了较多有关"教"的词语，因为我试图从传统的视角来揭示我们在设计和施行教学中的诸多问题。

在此先简单区分一下教学目标和学习目标的不同。

教学目标是教师预期学生的学习结果，用来指导教学，可能是宽泛的。比如，"培养学生的审美能力，学生能够准确概括文章的主旨等"。

而学习目标是用来指导学生学习的，是从学生的角度描述课程学习的结果以及学生掌握该结果的相关证据。比如，"能够用一句话回答作者要表达的中心思想"。学习目标的描述应该是友好的、可操作的且可观测结果的。为了突出以"学"为中心的课程理念，我们将采用学习目标这个词语来进行描述。

三、制订学习目标的依据

那么，学习目标源于何处呢？泰勒认为教育目标来源有三：一为学科专家的判断，一为社会的需求，一为学生的实际。基于泰勒的观点，我们加以改进。学科专家的判断，即是指由学科专家制定的课程标准。

于是，我们制订的学习目标主要源于以下几个方面。

第一，基于课程标准。课程标准也是我们制订学习目标的最重要的依据，因为我们最终要通过学习目标实现课标的要求。当然，根据上文所论及的，我们的学习目标应该基于细化之后的课程标准。

第二，也来源于学生的实际，即学情。我们制订学习目标时不能目中无人，因为学习的主体是学生。不符合学情的目标不是过于简单徒耗时间，就是过于艰难难以实现。奥苏贝尔（Ausubel）曾说："如果我不得不把教育心理学的所有内容提炼成一条原理的话，我会说：'影响学生学习的唯一最重要的因素是学习者已经知道了什么。要先探明这一点，然后再进行相应的教学。'"[1]

我们可以从以下几个方面来调查学生与本学习单元相关的知识经验和能力水平（见表2-1）。

表2-1 知识经验和能力水平调查表

与本单元相关的内容，你已经知道了哪些？	
你预测一下本单元主要会学习哪些内容？	
你最想知道并且学会的知识或掌握的能力是什么？	
关于本单元的学习，你觉得自己的掌握能力度是多少？	
你不太感兴趣的内容是什么？	

---

[1] 奥苏伯尔，等.教育心理学[M].余星南，宋钧，译.北京：人民教育出版社，1994：1.

第三，当然，还有教师的经验与判断。教师的经验是宝贵的财富，它和课标构成互补关系。教师也绝不是一个机械的课标施行者，他需要能动地研究标准，将其与学校的实际、学生的实际以及社会的需要很好地结合起来。换言之，到了研制学习目标这个阶段，教师就应该是一个集大成者。

当然，最核心的依据依然是课程标准。

四、将课程标准转化为学习目标

如何将课程标准转化为学习目标呢？

假如我们还没有进行到将课标细化为符合学情且分学段的学习标准时，那么我们将直接面对课标。一般情形下会经历这些步骤：

第一步：我要设计的是哪一个领域的活动？（□阅读与鉴赏　□表达与交流　□梳理与建构）

第二步：关于这个领域，课标是如何陈述的？（摘录课标关于该活动的一般标准）

第三步：对应的学业质量水平是如何描述的？（根据学段与学情确定对应的水平等级，勾画重要的行为动词以及宾语）

第四步：基于第一、第二两步，面对具体的学习资源，我将确立怎样的教学目标？[教学目标≤（课标+质量水平）]

第五步：将教学目标转化为可观测、可操作、具有任务性质的学习目标。

下面以重读《红楼梦》举例说明。

第一步：确定实践活动：阅读与鉴赏。

第二步：确定所属任务群：整本书阅读与研讨。

第三步：研究课程标准关于该任务群的描述。

1. 在指定范围内选择阅读一部长篇小说。通读全书，整体把握其思想内容和艺术特点。从最使自己感动的故事、人物、场景、语言等方面入手，反复阅读品味，深入探究，欣赏语言表达的精彩之处，梳理小说的感人场景乃至整体的艺术架构，理清人物关系，感受、欣赏人物形象，探究人物的精神世界，体会小说的主旨，研究小说的艺术价值。①

2. 对应学业水平：在鉴赏活动中，能结合作品的具体内容，阐释作品的情感、形象、主题和思想内涵，能对作品的表现手法作出自己的评论。能比较两个以上文学作品在主题、表现形式、作品风格上的异同，能对同一个文学作品的不同阐释提出自己的看法或质疑。②

第四步：确定教学目标。

1. 能够对《红楼梦》开篇神话的意义有一定的思考。（对形式的评价）

2. 能够重新认识王熙凤。（人物形象）

第五步：将教学目标转化为学习目标。

1. 能够在重述开篇两个神话的基础上，分析神瑛侍者及绛珠仙草的本性与贾宝玉及林黛玉性格特点的关联。

2. 能够从神话存在的意义方面阐释其价值。

3. 能够从圆形人物的定义辨析王熙凤是否具备该特点。

制订学习目标应该遵循的原则是：清晰，明确，可操作，可测量。

【案例叙事之二："狂欢节"里的语文学习】

话说语文课要学习史传文学了。史传文学范围极广，从《史记》开

---

①② 中华人民共和国教育部. 普通高中语文课程标准：2017年版2020年修订[M]. 北京：人民教育出版社，2020：11—12, 38.

始,到《汉书》《后汉书》《三国志》等,仅仅"前四史"就有许多值得学习的名篇。

初中课本里有《陈涉世家》(选自《史记·陈涉世家》),高中课本里有《鸿门宴》《项羽之死》(这两篇选自《史记·项羽本纪》)、《信陵君窃符救赵》(选自《史记·信陵君列传》)、《廉颇蔺相如列传》(选自《史记·廉颇蔺相如列传》)《苏武传》(选自《汉书》)、《张衡传》(选自《后汉书》)等。这些留待以后慢慢学。那么,我们这些十三四岁的孩子应该读些什么呢?

于是,我们想到了侠义人物。

该年龄段的孩子,正是对古代侠义英雄人物充满好奇与景仰的时候,刀光剑影、除暴安良、救民于水火之中也正是他们所向往的。以此为主题进行单元设计不仅贴合学生的年龄特点,而且此类文本故事性强,阅读也不是十分困难。

先寻找学习资源。《史记》中的《刺客列传》《游侠列传》是必不可少的,其中的豫让、荆轲、郭解均是性格鲜明之人。但史传文学好像还不足以支撑一个学习单元。于是由史传文学向外拓展,比如传奇、明清笔记等与侠义人物相关的文学作品。这样想来,唐宋传奇小说就进入课程。最后,我们拟定了以下学习资源:

《史记·刺客列传》《史记·游侠列传》,杜光庭《虬髯客传》,裴铏《聂隐娘》,袁郊《红线》,裴铏《昆仑奴》(以上四篇选自《唐宋传奇选》),魏禧《大铁椎传》以及金庸的武侠小说《射雕英雄传》片段。

此时学习的主体尚处于水平有限的文言学习基础阶段。面对这些学习资源,学生如何开展学习?他们能完成如此多的文言阅读吗?如果按照传统的教学方式——教师主讲来做,不仅会耗费大量课时,而且效果不一定好,更为严重的是,这时学生的学习是被动的,他们的学习兴趣可能会因为文言阅读的障碍与教师讲解的枯燥而消失殆尽。此外,如果仍然按照过去的教学方式,三周时间几乎不可能完成。

而基于任务的学习可以很好地解决这个问题,使学习真正地"在语言实践活动中"展开。

首先，确立学习目标。而目标源于本年级的课程标准。节选如下：

【阅读】

· 能够结合现实与自身经历对文本中的情感主旨、人物形象进行评价。

· 能够阅读由不同材料组成的非连续文本，并且能进行整合，获取主要信息。

· 能通过阅读语言文学作品，扩展自己的视野，丰富自己的人生体验，感受和理解不同时代和地区的文化。

· 能够分辨并比较不同作品中类似的情节、人物等元素。

【写作】

· 能对文章中的观点、语言、人物、事件加以评论、赏析，撰写评注类的笔记。

· 能够细致地书写人物，包括对人物的正面描写（白描），以及通过侧面描写来烘托人物形象。

· 根据上述年级课程标准的相关要素，最后确定以下学习目标：

1. 能用关键词概括侠义人物的主要特征，比较其中五位人物，说出其异同。
2. 能结合材料，立足于现实与历史对侠义人物作出合理评价。
3. 能够对侠义精神与现代社会的关系有一定的看法。

而本任务的核心问题是：侠义精神在当今社会存在的合理性在哪里？

通过本核心问题，让学生建立历史与现实的关联，将文言背后的精神现实化、意义化。

若按照一般的教学流程，我们可能会做以下设计（见图2-2）：

明晓目标 → 阅读资源 → 达成任务 → 完成评估

图2-2　一般的教学流程

这样的设计未尝不是一个理想的设计，因为它遵循了语文学习的本质，从目标切入，依托文本资源，在任务达成过程中磨砺学生的语文素养。

然而，若按照项目式学习的理念来衡量，其中缺失一个现实的目标，或者说缺失一个现实性的任务来驱动，学生所完成的学习任务仍然是教科书上的"一厢情愿"，与实际生活并未发生联系。

于是，我们就会思考，如何保证学生按照教师的理想去仔细阅读这么多文言文本。如果我们单纯依赖教师教学流程的强制性与学生自我学习的主动性，这种主动是基于对教师的信任与敬畏产生的，并非源于其真正的内心需要，那么一旦脱离教师的掌控，学生就会处于一种茫然而不知所措的惰性状态。

所以，项目式学习颇为关键的部分便是项目的现实任务。

那么，如何用一个现实的任务来统领对这些侠义文学的阅读呢？

于是，学校一年一度的"狂欢节"就进入了语文学习领域。我们借助狂欢节这个形式，为其注入语文内涵，将单纯的活动变成真正的语文学习。狂欢节中的语文学习将这个活动变成手段，目的是学习。它是课程的一部分而不单单是一个活动，扮装秀成为学习任务最后的成果展示。

且看我们的核心任务：

又到狂欢节了，请诸位同学在深入阅读侠义文学的基础上，为老师设计一位侠义人物角色，然后扮装。

任务的结果是将老师装扮成作品中的一位侠义人物，任务达成的过程是深入研读教师所提供的古代侠义人物资源。退一步讲，教师本来的目的是希望学生细致研读古代侠义人物文本，就如同过去讲读文言文一样。现在要学生自我阅读，还要他们有兴趣、有创造性地阅读，于是就诞生了这样一个狂欢节扮装的任务。我们设想，要想成功地给老师装扮一个角色，学生就必须理解这个角色。而要深入理解这个角色，学生就要细致研读文本。所以，研读原本感觉枯燥难读的文言文就有了良好的动机。

当然，一个核心任务还不足以让学生自我设计学习过程，其中尚存在诸多问题。比如，教师提供了大量的学习资源，如果学生只阅读其中一篇，怎么办？虽然教师希望学生阅读更多文本材料，但学生取巧亦可以完成最后的核心任务。如果学生读得囫囵吞枣，不能深入，怎么办？这一系列问题都是教师希望在学习过程中尽量规避的，但我们又不能完全寄希望于学生高度的自觉性。所以，在核心任务之下，教师还要设计诸多子任务来引导学生进入文本，关注过程，最后的扮装只是一个水到渠成的结果。

本项目基于核心任务的子任务设计如下：

任务1：用准确的词语概括五位人物的个性特征。

任务2：概括人物形象的相同点与不同点。

任务3：写出你最想设计的人物、比较想设计的人物与最不想设计的人物，并说明理由，给出证据。

任务4：请你写一封劝说信说服老师同意装扮你最终选择的侠义人物。

任务5：完成人物出场设计。（先独立完成，然后分组合作）

任务1、2基于文本细读，扣合学习目标，以培养学生的人物形象概括能力。

任务3通过比较阅读让学生深入理解人物，因为只有通过比较，才会凸显特点。当学生在思考最想设计的人物与最不想设计的人物时，那个最想设计的人物的特征就会更加清晰地浮现在他的眼前。而且通过这个比较的任务，可以引导学生阅读更多文本。这便是促进阅读的策略。

我们希望学生阅读大量的书籍，阅读广泛的文本。运用一些策略，会让学生觉出阅读的意义。

而任务4则直接指向文本的深入研读。在项目式学习的过程中，语文教师调动了年级各个学科的教师，并在全校张贴海报，告诉每一位教师不要轻易答应学生的请求，明白提示学生最终要打动老师，老师才会接受扮装请求，而打动老师的就是一封劝说信。一封很好的劝说信至少包含以下内容：你想让老师扮演哪个侠义人物？这个人物出自何处，有怎样的特点？老师为什么要扮演这个人物，与他有什么关系？

当然，在学生写作劝说信之前，教师会向学生提供一个关于劝说信的评价量规（见表2-2）。

表2-2　劝说信评价量规

	3（示范级）	2（合格级）	1（需努力）
事	语言简洁凝练，侠义人物形象特征概括准确，老师清晰地明白扮演人物及其形象特征	语言较凝练，侠义人物特征概括较准确，老师基本明白扮演人物及其形象特征	语言冗余，侠义人物特征概括模糊，老师不明白扮演人物及其形象特征
理	有充分的理据让老师明白自己与侠义人物的紧密联系，以及自己扮演该角色的重要意义	有较充实的理据让老师明白自己与侠义人物的联系，以及自己扮演该角色的意义	理据不充分，不能让老师明白自己与侠义人物的联系或扮演该角色的意义
情	语言得体，使用尊称、问候语等，以情动人，让老师欣然接受	语言较得体，使用尊称、问候语等，能让老师接受	语言生硬，未能使用尊称、问候语等，不易让老师接受

这个评价量规从三个维度（事、理、情）对劝说信进行了三个等级的评价。量规不是最后对写作做出终结性的评价，而是项目式学习一开始就会发给学生。也就是说，在写作劝说信之前，学生就会看到这样一个量规，他会明白关于侠义人物扮装的劝说信要关注三个方面：其一，将事情

说明白；其二，用充分的证据说服老师；其三，必须包含情感。总之，要以事明人，以理服人，以情动人。而且他会清楚地知道写成什么样会不合格。

此处我不避冗余，引用一个学生的劝说信，看其阅读得深入：

亲爱的李老师：

在本校一年一度的狂欢节到来之际，我真挚地希望您扮演"虬髯客"这个人物。

您现在一定是满脑的疑问吧？请您先想象一下这样一个在电影中出现过无数次的场景：悠悠天地，广袤无垠的沙漠，尘沙漫天，遥远模糊的地平线上有一个黑点在缓缓移动，他戴着遮住了半张脸的纱帽，卷曲的胡须几近拖到胸前，棕黑色的裘衣半敞着在风中摇曳……这便是虬髯客。谁不想过一把侠客瘾呢！我想您也不例外，这个霸气侧漏、威风凛凛的侠客绝对可以让您过足瘾！

虬髯客是民间流传的传奇人物，据说他胸怀大志，曾试图与李世民争夺天下。后目睹李世民之风采便去他地另开辟天地。骑着驴来，驾着马走，潇潇洒洒，酣畅淋漓。不是怯懦，而是向我们生动地诠释了什么是大丈夫能屈能伸。虽然您跟争夺天下之事无任何关联，但您的中等身材符合虬髯客的中性特征，并且您在课堂上的洒脱豪爽劲儿与虬髯客如出一辙，这也是同学们有目共睹的。所以，请相信这个人物形象是十分适合您的，您的扮演一定会给那些听您上课的同学以强烈的代入感。

所以，心动不如行动，就请您答应我这个小小的请求吧！

您的学生　肖绘雨

我以为，写成这样，基于她对虬髯客的理解和欣赏，老师怕是不能不答应吧！纵然学生希望其扮演虬髯客角色的那位老师是一位数学老师。

最后我们以一场精彩的扮装秀结束了本项目的学习。

此处大约会有疑问：学生是如何学习的？

学生的学习会经历这样一个阶段（见图 2-3）：

阅读资源 ⇒ 比较选择 ⇒ 确定人物

·阅读史传文学及传奇小　·最想设计的人物　　　·我想让老师扮演的侠义
　说的侠义资源　　　　·比较想设计的人物　　　人物
　　　　　　　　　　　·最不想设计的人物

图 2-3　学生可能会经历的学习阶段

在大约两周的项目式学习中，为了尽可能详尽地向学生交代任务目标，教师会根据学习目标、任务、资源、学情、工具等拟定总体的学习时间和关键节点，发布学习任务流程图，向学生阐释怎样做才能实现任务目标。

而学生则需要根据自己的学习习惯来设计适合自己的学习规划。我们留出了大量学习时间给学生，学生不再是统一步调，因为他们的学习路径不一样，学习方式不一样，学习所达成的程度不一样。这样的学习给了学生自我呼吸的空间，他们可以选择适合自己的学习模式进行学习，只要他们有恰当的学习规划。所以教师的一个重要工作就是指导学生学会做好学习规划。

列位看官读到这里，大约还会有另外的问题：学生在阅读文本过程中遇到问题怎么办？因为不能统一讲解，而且也不大可能统一讲解，那么问题如何解决？

实际上，只要我们的学习目标清晰，并且在设计活动时始终指向学习目标，其他问题就可能不用过分焦虑。因为有些问题可能并不是本任务着力解决的。这些问题可以张贴出来，供同学、老师思考交流；如果老师可以解决，便回复答案。如果不能即时解决，也可以让问题留存一段时间，或许有意想不到的答案呢？当然，还可以利用网络平台，设计问题区，将问题延伸到线上，拓展学习的空间。

所以，问题由目标来筛选，学习目标决定你的活动价值取向。

第三章 叙写学习目标

一、叙写学习目标的一般原则

之所以用"叙写"这个词,是因为想强调学习目标的重要性。我们不仅仅是拟一个学习目标,而且要精心叙述,将其当作一个场景来描述。

叙事视角应该站在学生的层面上确定。我们应该以一个学习者的身份来确定学习目标,而不仅仅是以教学者的视角看待学习资源。当然,最终我们还要回到教学者的视角对学习目标进行再审视,从而确定其科学性和专业性。

学习目标表现出来的基本结构应该是一个动词和一个名词,构成一个无主句或者动宾短语。如果给这个无主句或者短语补充一个主语的话,那一定是学生。选择的动词应该是具体的、可操作的行为动词。尽量少用那些表现较为模糊的动词,比如欣赏、探究、把握、感受、领悟等,用到的动词应能够直接指向学生的具体行为,比如写出、说出、辨析、阐释等。例如:

> 鉴赏文学作品,感受和体验语言文学作品的语言、形象和情感之美,能欣赏、鉴别和评价不同时代、不同风格的作品,具有正确的价值观、高尚的审美情趣和审美品位。[1]

假如我们依据该标准确定阅读《老人与海》的教学目标,可以这样叙述:

> 能够鉴赏、评价海明威的《老人与海》。

---

[1] 中华人民共和国教育部. 普通高中语文课程标准:2017年版2020年修订[M]. 北京:人民教育出版社,2020:6.

但显然，这个教学目标对学习者来说，是很模糊的一个目标。学习者遇到的问题会有：如何鉴赏？如何评价？具体鉴赏《老人与海》的哪些内容？鉴赏的标准是什么？达成怎样的成果算完成了目标？这一系列问题如果不解决，我们就很难相信学生在阅读《老人与海》的过程中会有自觉的收获。

于是，我们将这个较为模糊的教学目标转化为对学习者看起来友好的学习目标。我们将鉴赏、评价这样较为模糊的行为动词转化为可操作、可测量的行为动词：

- （我）能够简要说出海明威"冰山理论"的内涵及其在《老人与海》中的具体表现。
- （我）能够基于老人与海、老人与男孩、老人与鱼的关系分析，至少得出三条与主旨相关的结论并给出证据。

在这两条关于学习目标的描述中，能够观测并且测量的动词短语是：简要说出、得出结论、给出证据。每一个短语都具有可操作性。换言之，每一个动词短语均能让学生实际去做一件事情，而且知道自己做到什么程度才达成标准。

二、学习目标的基本要素

在教学设计中，我们一般要确定具有表现性的目标，尽量规避那些抽象的、难以观测的目标表现形式。那么如何使我们的学习目标具有可操作性呢？一条学习目标究竟含有哪些要素以保证其能够克服模糊性呢？比如我们怎样才能知道学生"体会到了《烛之武退秦师》的深刻寓意"？美国心理学家马杰（Mager）认为，编写得好的教学目标应该包括三个要素：一是表现，即说明期待学习者能做到什么；二是条件，即在什么样的条件下产生预期的表现；三是标准，即学习者应达到怎样的程度。如果说这三个要素还比较简洁的话，实际上，我们可以借鉴加涅等人提出来的"表现性目标五成分"：

1. 情境（习得的结果得以表现的情境）；
2. 所进行的学习的类型（"习得性能"的动词区分了学习类型）；
3. 行为表现的内容或对象；
4. 可观察的行为（行动动词）；
5. 适用于行为表现（可接受的行为表现）的工具、限制或特殊条件。[①]

简言之，就是情境、习得的性能、内容、行动以及工具和限制。

所谓"情境"，就是指对目标行为进行环境条件的描述。比如，如果我们希望学生能够在大庭广众之下进行一段3分钟演讲，那就要将"大庭广众"这个环境描述出来。如果学生只是自己录了一段演讲，那就不达目标。当然，对于很多习得行为来讲，采取行为的环境并不是特别重要。

所谓"所进行的学习类型"，亦即学生即将习得的某种能力，比如能够区分、能够识别、能够运用等。

"行为表现的内容或对象"，就是即将要学习的新内容。比如，"能够从合于礼的角度对烛之武的行为做出分析"。其中"烛之武的行为"就是行为表现的内容或对象。

所谓"可观察的行为"，即学习行为是如何完成的。是通过比较，还是通过查阅；是讨论，还是画出；是写出还是口头表述……换言之，就是你想让学生即将要做的事情，而通过做该事学生可以习得某种能力。

最后是"工具、限制或特殊条件"，因为在某些情境中，学生的行为表现需要使用特殊工具，需要某些限制或其他特殊条件。比方说，在小组

[①] 加涅, 韦杰, 戈勒斯, 等. 教学设计原理: 第5版修订本[M]. 王小明, 庞维国, 陈保华, 等译. 上海: 华东师范大学出版社, 2018: 132.

汇报中，须采用 PPT 的形式。或者，在 40 分钟的时间里完成不少于 700 字的作文。

当然，一个目标并不都是要包含这五个要素，但不可否认的是，目标包含的要素越多，你希望学生达成的能力就越准确。而其中最为重要的应该是习得性能的动词、内容对象以及可观察的行为。

关于行为动词的选择，我们可以借鉴美国当代著名的心理学家、教育家布卢姆（Benjamin Bloom）的目标分类（见表 3-1）：

表 3-1　布卢姆行为动词表

思维水平	特征	参考动词
识记	对信息的回忆再现	列举、说出、写出、复述、默写、辨认、回忆、描述、表明……
理解	能用自己的语言解释信息	分类、叙述、解释、鉴别、转换、引申、修改、举例说明、猜测、摘要、改写……
应用	将知识运用到新的情境	运用、示范、阐述、说明、修改、制定方案、解答……
分析	将知识分解，找出各部分间的联系	分析、分类、比较、对照、图示、区别、评析……
综合	将知识各部分重组，形成新的整体	编写、写作、创造、设计、组织、综合、归纳、总结……
评价	根据一定的标准进行判断评价	鉴别、比较、评定、判断、总结、证明、说出价值……

三、学习目标的维度

我们明白了学习目标包含的若干因素，接下来可能会遇到这样一个问题：

一个学习单元要写几条学习目标呢？

我们看到有的教师会写两条，也有三条，当然也有四到五条的。假如看到一个学习单元有三条学习目标，那么你是否思考过这三条目标是从哪些不同维度进行描述的呢？如果不审视自己所叙写的学习目标，只是凭经验来确定的话，我们就有可能在同一个思维层面上重复，或者丢失某个重要的层面。

所以，我们在叙写学习目标的时候，应该确定从哪些维度来描述。

曾几何时，我们是以"三维目标"，即过去的课程标准所倡导的"知识与能力""过程与方法""情感态度与价值观"来描述的。然而，概念的不确定性，尤其是描述教学目标时对"过程与方法"理解的偏差，导致教师不能很清楚地明白教学目标究竟是指向学生的学习行为，还是指向教师的教学行为，结果造成目标之间的逻辑关系一直不明朗。

下面介绍几种确定目标维度的理论与方法。

（一）以布卢姆的教育目标分类来确立目标维度

布卢姆的学生安德森对布卢姆教育目标分类进行修改和重新界定，从以下六个维度——记忆、理解、应用、分析、评价、创造，对学习者的认知过程进行了描述。（见图3-1）

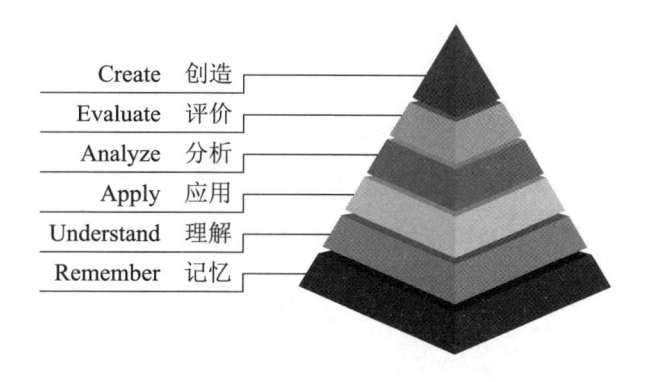

图3-1 修订后的布卢姆教育目标分类

1. 记忆，指从长时记忆中提取对观点、材料或现象的再认或回忆。

2. 理解，指从口头、书面和图像等交流形式中建构意义，包括解释、举例、推断、说明等。

3. 应用，指在给定的情境中运用知识。

4. 分析，指将材料分解为它的组成部分，确定各部分之间的关系以及部分与整体之间的关系。

5. 评价，指基于某个特定的标准做出判断和评论。

6. 创造，指将各个要素组织在一起，重构新的模型或体系。

我们当然可以从这六个维度撰写学习目标，但这并不意味着每一个学习单元都必须从这六个维度进行描述。可以根据具体的单元内容与学习主题进行取舍。关键是要明确我们在这个单元主要让学生发展怎样的能力。比方说，在设计"思辨性阅读与表达"这样的任务群的学习目标时，我们就可以从理解、分析和评价三个维度进行描述。

（二）基于理解的教学设计的预期学习结果分类

在《追求理解的教学设计》(*Understanding by Design*)一书中，研究者提出了逆向设计的理论，倡导从预期结果逆向设计教学流程。前文提到了泰勒在其《课程与教学的基本原理》中谈及的设计课程的四条原则。结合教学实际情况，稍加变化，概括如下：

- 本单元的学习目标是什么？
- 学生已经具备了怎样的语文经验？
- 如何组织这些经验并进行新的教学活动？
- 如何确定学习目标得以实现？

逆向教学设计的进步之处在于将泰勒原理的最后一条提前到第一条之后。在确定学习目标之后并不是展开教学活动，而是确定该目标实现的表征是什么。从某种意义上说，这样的逆向设计也可以用来检验学习目标是不是不切实际，无法完成。

逆向教学设计遵循以下流程（见图 3-2）：

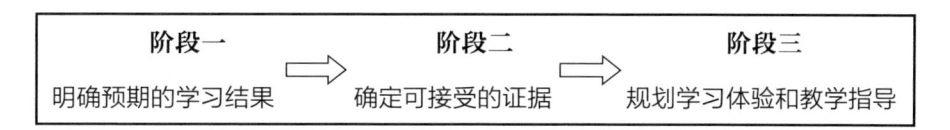

```
阶段一              阶段二              阶段三
明确预期的学习结果  →  确定可接受的证据  →  规划学习体验和教学指导
```

图 3-2　逆向教学设计流程

在此，且按下阶段二和阶段三不表，单说阶段一：明确预期的学习结果。

在这个阶段，我们需要考量学习目标，检视课程标准，并且回顾学生的学情。没有任何一个阶段比这个阶段更重要，因为它要保证之后的学习活动和教学设计是有意义的。我们需要回答若干问题：学生应该知道什么？理解什么？最终应该具备怎样的能力？什么是值得理解的？持续性理解的问题是什么？能够迁移到新情境下的能力是什么？

因此，这个明确预期的学习结果的阶段实际上就是确定学习目标的阶段。

UbD（基于理解的教学设计，也译为"理解为先教学模式"）将这个阶段分为三个维度进行描述：

1. 学习迁移：学生自主地将所学运用到某个情境中。

这个维度回答学生将获得何种持久的学习结果。

2. 理解意义：学生将会理解……学生持续不断地思考……

这个维度回答教师特别希望学生理解什么，学生如何将它们联系在一起。

3. 掌握知能：学生应该掌握的知识是……学生应该掌握的技能是……

这个维度回答学生应该掌握并能再现哪些事实和基本概念，学生应当会运用哪些具体的技能和程序。

这三个维度由思维高阶到低阶，逐层降低，涵盖了学生学习能力的主要表现。因此，我们可以从这三个维度来叙写学习目标。例如，在设计祭文阅读单元时，可以这样叙述目标：

1. 从特定角度选择材料对历史人物作出富于情感且合乎逻辑的评价。（学习迁移）
2. 能够归纳出文本中被祭之人的优秀品质。（理解意义）
3. 能够说出祭文与悼词的一般特点。（掌握知能）

（三）韦伯的知识深度分类

美国教育评价专家韦伯（Webb）在对课程标准和学业成就评价之间的一致性进行系统研究时，提出了"知识深度"（Depth of Knowledge）理论，简称 DOK 理论。DOK 是韦伯用以判断学业评价与课程标准是否一致的一个维度，本是教育评价领域的分析模式。如果把 DOK 分级看作一个依次展开的学习或研究过程，我们就可以借鉴这几个维度来叙写学习目标。DOK 将知识深度分为四级，我们需要知道的是，这四级并不是根据知识的难度，而是根据知识运用的复杂度来分的。在阅读文章的过程中遇到陌生概念，比如意象、圆形人物等，对一些学生来说，这是困难的，但并不是复杂的。换言之，解决这一问题并不需要花费很多时间。

下面就是经过改编的知识深度层级（见表 3-2）：

表 3-2　知识深度层级

知识深度层级	层级名称
第一级	回忆与再现
第二级	技能与概念
第三级	问题解决与应用
第四级	思维迁移与创造

第一级，回忆与再现。本层级的课程要素主要是要求学生回忆或再

现知识、技能的基本任务。主题内容通常是对事实、术语、事物属性的探索，也会涉及简单程序或公式的使用。

第二级，技能与概念。本层级一般要求学生对比人、地点、事件和概念，将信息从一种形式转换为另一种形式，按照一定的意义将项目分类，描述或解释问题、模式、关系、因果关系、意义或影响、观点或过程等内容。

第三级，问题解决与应用。本层级的项目需要学生在短时间内运用更高阶的思维过程，如分析和评估，来解决结果可预测的现实问题。

第四级，思维迁移与创造。本层级需要学生运用更高阶的思维过程，如综合、反思，评估并不断修订计划。学生将参与研究性学习来解决结果不可预测的现实问题。

我们用下面一张图来说明 DOK 的四级知识深度（见图 3-3）：

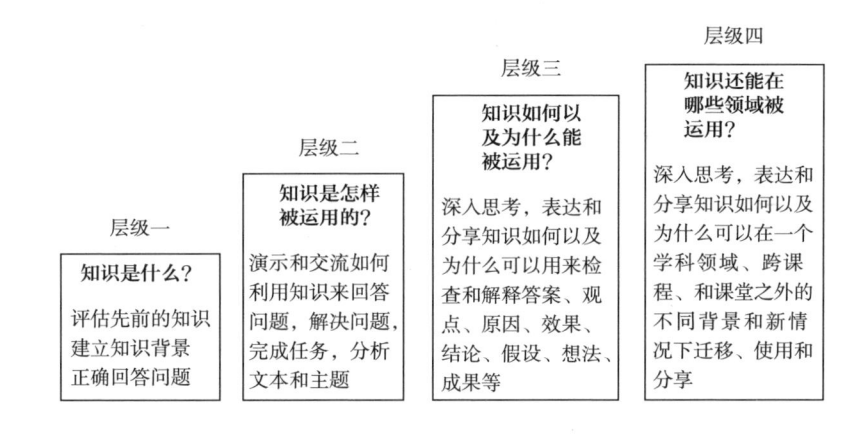

层级一	层级二	层级三	层级四
知识是什么？	知识是怎样被运用的？	知识如何以及为什么能被运用？	知识还能在哪些领域被运用？
评估先前的知识 建立知识背景 正确回答问题	演示和交流如何利用知识来回答问题，解决问题，完成任务，分析文本和主题	深入思考，表达和分享知识如何以及为什么可以用来检查和解释答案、观点、原因、效果、结论、假设、想法、成果等	深入思考，表达和分享知识如何以及为什么可以在一个学科领域、跨课程、和课堂之外的不同背景和新情况下迁移、使用和分享

图 3-3　知识深度的教学与学习

层级一：所需掌握的知识是什么？学生能够掌握主要知识，建立知识背景，正确回答问题。

层级二：学生需知道知识是如何被运用的。

层级三：不仅需知道知识如何被运用，还应知道为什么可以运用这些知识。

层级四：还能在何种情境下运用这些知识？

借鉴韦伯的 DOK 理论，我们可以较为全面地基于学科能力描述学习目标，而且叙写出来的学习目标会有思维的层级性。例如，整本书《乡土中国》的学习目标可以这样描述：

1. 能说出《乡土中国》的创作背景、核心概念、基本观点。（回忆与再现）

2. 能概括出各章的主要观点并发现各章之间的逻辑关联，以思维导图的形式整体描绘全书的知识体系与逻辑框架。（技能与概念）

3. 能运用书中的概念与理论解释当代社会现象，结合"乡土中国"的文化内涵分析中国乡村伴随着社会转型的巨大变迁。（问题解决与应用）

4. 能以新的时代视角重新审视书中观点，有理有据地发表评价，以议论文的形式表达自己的新观点。能初步学习并运用社科类学术著作的阅读方法，建构起整本书阅读经验。（思维迁移与创造）

当然，这只是我们在分维度描述学习目标时的借鉴，并不是一个严格的模型。因为其更为重要的意义在于帮助我们设计核心任务。这一点在后文中会谈到。

（四）语言、思维、价值三维分类

上述 UbD 或者 DOK 的分类，更多关注的是思维水平的层次。对语文学科来说，情感、态度与价值观也是不可或缺的维度。因此，北京师范大学的张秋玲教授团队提出学习目标可以从语言目标、思维目标和价值目标三个维度进行描述。例如：

一、语言目标

1. 能够根据上下文、借助注释和工具书确定文中字词的正确读音和语境义，能用自己的语言转述各篇论题及内容。

2. 依据自己对于文章的理解，在教师的指导下，正确断句，大声朗读课文；背诵《阿房宫赋》《六国论》。

3. 继续补充完善自己的文言词句数据库，将文中部分常见的文言实词、文言虚词的意义和用法补充进数据库；在教师讲解的基础上，借助课文中的例子，进一步深入学习并掌握文言实词活用的知识，并能在新的语境中予以运用。

二、思维目标

1. 认识议论文的现实针对性以及如何处理观点与材料的关系。

2. 比较四篇文章的论述思路和论证方法，在比较的基础上，概括出3至4条四篇文章共有的说理艺术。

3. 辩证分析作者的观点并理性发表自己的看法，养成大胆质疑、小心求证、缜密推断的思辨习惯。

三、价值目标

1. 学习作者对国家大事的担当精神和古代士人家国天下的情怀。

2. 谛听历史的回声，以史为鉴，立足当下，正确审视自己能为和不能为之事，为自己的未来打好精神的底子。[1]

综上所述，我们并没有一个固定的维度模型来叙写学习目标。我们所有的维度分类都应该基于语文学科的核心素养，即语言建构与运用、思维发展与提升、审美鉴赏与创造、文化传承与理解这四个方面。

---

[1] 黄勇智，徐彩凤，张秋玲. 倾听理性的声音：统编高中语文教材必修下册第八单元专题学习设计[J]. 语文教学通讯：高中，2020（12）：42.

当然，我们也不需要机械地按照核心素养的四个方面去进行描述。教师可以基于核心素养和学习单元的具体内容以及学情，再借鉴上述维度，叙写出清晰、明确、可观测，并且较为全面的学习目标，以发挥学习单元的最大价值。

学习目标并不是只写在教师的教案上的。在一个学习单元开始前，师生必须共同面对学习目标，达成共识，这样才能开展学习活动。过去，我们撰写教学目标，目的是用以指导教师的教，学生并不知道最后教学要走向哪里，一切均由教师主导，学生最后走向哪里是通过教师而逐渐明白的。当然，较为极端的案例是学习单元结束后，学生也不明白学习本单元的意图是什么。

从教到学的重要表现就是师生共同明确学习目标。这样，学生才可能有更大的自我规划的空间和自我前进的方向。因为每个学生的学习风格、学习路径可能不一样，他们知道目标后，可以选择适于自己的路径抵达，而不是一切依赖教师。如图 3-4 所示：

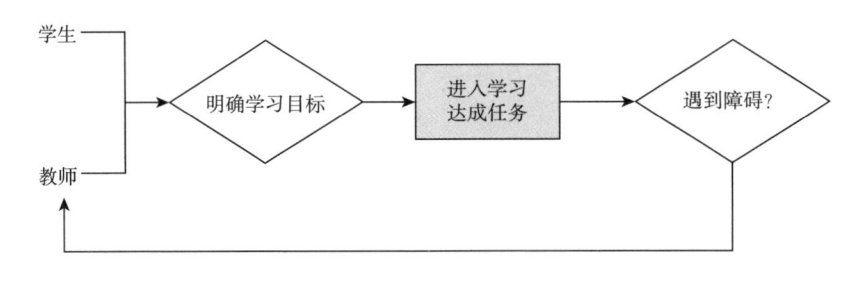

图 3-4　学习路径

【案例叙事之三：为曹孟德撰写一篇祭文】

假如有这样一个语文单元，单元主题为古代的优秀祭文，文本资源包括韩愈的《祭十二郎文》、欧阳修的《祭石曼卿文》、王安石的《祭欧阳文忠公文》、苏轼的《祭欧阳文忠公文》、袁枚的《祭妹文》。当然，你还可以添加其他与主题相关的祭文或悼词。那么，作为语文老师，你将如何教授这个单元？

当然，可以一篇一篇去讲解，如果你有足够的课时，因为每一篇都是古代经典文本，细细讲解并指导学生进行赏析也并无大碍。传统的讲授法大约就是如此，尤其是面对文言文本，疏通词句，理解文意乃是阅读的基础。

或者，你可以在同样的主题下，引导学生进行文本比较，从而在比较中辨清每个文本的意蕴以及表达情感的不同方式，因为毕竟你已经将其组合成了一个单元，而这个单元又是由相同的主题构成的。这样的设计比单篇讲解应该进步了，因为你有了整合的思想，有了文本比较的思想；而语文教学的第一要义是教会学生读书，而不仅仅是让他们理解文本的含义或思想。

然而，学生的学习终归是被动的，因为一切设计都是出自教师，学生只是按部就班地在教师的引导下去学习文本，而且极有可能学生面对了文言文生出好像是宿命般的畏难感。总之，他们是硬着头皮去看这些多年以前的文字。

我们教师和我们的学生知道为什么要学习这些文字吗？或者说学生阅读这些文本最终要发展和铸造自己哪方面的能力？

让我们回到课标，看看课标是如何界定的：

1. 对汉语、汉字和中华优秀传统文化有较浓厚的兴趣，有主动积累、梳理、探究富有文化意蕴的语言材料的习惯。

2. 能不断扩展自己的语文积累，自觉整理在学习中获得的语言材料和言语活动经验；……能根据具体的语境和表达的目的、要求，运用口头和书面语言，文从字顺、准确生动地表达自己的真情实感。

3. 在理解语言时，能从多角度、多方面获得信息，有效地筛选信息，比较和分析其异同。

4. 尝试用历史眼光和现代观念，辩证地审视和评论古今中外语言文学作品的内容和思想倾向。①

且不谈课标所规定的具体学习内容，单说它对学生的学习要求："自觉整理""主动积累、梳理""历史眼光""现代观念""比较和分析"，等等。这些关键词无不集中到学生的学习主动性以及思维能力的培养上。其中最重要的莫过于如何调动学生的学习主动性，从而使其能够"自觉整理"，用"历史眼光"及"现代观念"去"比较和分析"。

于是，我们可以换一个角度去设计教学或者说设计学习。同样是这些古代祭文文本，我们可以从写作的角度达成阅读的目的。

比如说，学习写作一篇祭文。通过写的方式实现有目的地阅读古代或者现代祭文、悼词，实际上根本还是为了阅读的写作，写作仅仅是一种阅读的手段罢了。

给谁写祭文呢？给老师写，大约学生是会感兴趣的，然而老师可能不愿意，因为毕竟超越了传统，且阅读的范围不会扩大。

"给曹操写吧！"一个老师说道，曹操的祭日快要到了。思想的火花总是在不经意间来临。

于是开始撰写核心任务：

> 曹操乃东汉末年杰出的政治家、军事家、文学家。公元220年3月15日，曹操走完了他辉煌的一生，留下无穷的话题任后人评说。请阅读《三国志·武帝纪》以及曹操的代表诗文，并结合当代人张作耀的《曹操传》，深入了解曹操，在其忌日来临之际为其写作一篇祭文。

---

① 中华人民共和国教育部.普通高中语文课程标准：2017年版2020年修订[M].北京：人民教育出版社，2020：37—39.

那么，那些古代祭文呢？《祭妹文》《祭欧阳文忠公文》呢？你大约会问道。是啊，怎么从古代祭文一下飞跃到了曹操？老师们且少安毋躁，我们且确定学习目标：

  通过本单元的学习，我能够从特定角度对历史人物做出合乎逻辑的评价。

我们的学生通过之前的学习经验对某些历史人物已经形成了某些特定看法，与此同时也存在诸多问题：碎片化，人云亦云，凭据不充分等。本单元的学习目标就是从这一学情出发确定的。

学习目标确定后，我们需要确定核心问题。

什么是核心问题呢？

核心问题是能够引导学生深入思考本单元文本价值并能一直持续思考的问题。它是开放的，而不是封闭的；它是思考的开始，而不是结束。于是，围绕本单元的学习目标以及学习资源，我们提出这样的核心问题：

  伟大的人物是如何影响历史的？

曹操肯定是一个伟大人物，这毋庸置疑。我们通过学习需要思考的并不是判定曹操是不是一个伟大人物，而是要深入思考作为一个伟大人物，曹操是如何影响历史的。换言之，学生需要思考曹操在哪些方面被后世人不断"引用"。当然，思考曹操这样的伟大人物如何影响历史只是一个引子，由曹操学生可以延展到其他历史上的伟大人物，考察他们如何推动历史，其共性是什么。这便是这个核心问题的价值所在。正如前文所述，该核心问题具有十足的开放性，且能够引发学生深入思考历史对现实的影响。

行文至此，列位看官请思考一个问题：假如你是一个学习者，面对这样一个核心任务以及需要思考的核心问题，你将如何展开学习？

你会想，我要给曹操写一篇祭文，那么我就需要了解曹操的生平事迹以及他在历史上的诸多影响与贡献，不然的话，我如何给曹操写祭文呢？或许，我还应该看看历史上他人对曹操是如何进行评价的。当然，我不能简单依靠我读过的历史演义小说《三国演义》，因为它毕竟是演义小说，其人物的塑造必然带上了作者强烈的感情倾向，人物形象不能当真。于是，阅读正史《三国志》就是我的必需。

当然，我还需要了解、学习祭文的一般写法：如何开头，怎样结尾，用什么样的口吻，是否要客观评价，等等。那么最直观的材料就是古代那些经典的祭文，如袁枚的《祭妹文》等。

了解到这些学习路径，我们教师就要给学生准备好较为丰富且非常必要的学习资源。

这些学习资源分为两个部分：一部分为与祭文或悼词相关的文本，包括文言文和现代文；另外一部分为与曹操相关的阅读资源，包括曹操的本纪以及曹操的诗文，外加一本现代人的《曹操传》。

我们用 12 课时来完成这个项目。设定好必要的时间节点后，学生需要根据自己的阅读路径来制订自我学习规划。他可以先看祭文、悼词，以了解祭文的基本构成与语言特点，然后再阅读与曹操有关的资源，准备撰写曹操祭文；当然，他也可以先阅读有关曹操的资源，有目的地获取曹操的事迹，然后再阅读相关祭文、悼词，确定自己的写作思路。这样，我们就可以真正实现尊重每一个学生的学习路径，不再按照教师的教学计划统一行动。

当然，为了更好地实现核心任务，我们需要设计更为细致的子任务来支撑核心任务，为学生搭建学习支架，从而更准确地直抵目标。

且看子任务：

1. 亲爱的同学，你在研读所提供的若干祭文时，建议你分析、归纳祭文的一般结构及其情感内容与方法，思考以下问题，并将你的思考写在笔记本上。

（1）文言祭文与现代文祭文除了文言、白话的不同之外，写法上有哪些不同？

（2）祭文最动人处表现在什么地方？（比较而言，你感触最深的祭文与最无感的祭文各是哪篇？请说明理由。）

（3）归纳祭文常用的语句。

2.你在研读与曹操有关的资料时，建议你梳理曹操的主要事迹及其具体成就，并按照以下指引为你的祭文做好基础工作。

（1）我准备从这几个方面来为曹操写祭文。

（2）我将以这样的身份（现代人、臣子……）为曹操写祭文，并说明这样写的方便之处。

（3）我准备采用这样的结构来写作。

（4）因为身份的限定，我准备采用这样的语言。

列位看官，读到这里，大家可能会有若干疑问。比如，学生在阅读文言祭文的时候，遇到陌生的词语怎么办？遇到难句或者百思不得其解的问题怎么办？即使是现代祭文，虽然用白话文写就，阅读时也往往会有想与同学、老师讨论的问题。这一切，教师已经无法在课堂上统一讲解了。因为每个学生面对的问题不一样。一个学生的疑惑可能在另一个学生看来就不是问题。既然这样，我们何不将这些问题放到网络平台上呢？

现实中便是如此。我们利用豆瓣平台开设问题讨论区。学生遇到的任务问题随时都可以提交到网络论坛上。这些问题学生可以相互解答，老师更可以参与其中，回答并指导学生提出疑问的方向。

于是，课内课外浑然一体了，线上线下也无缝对接了。教师的角色从一个讲解者变为学习活动的设计者、学生学习过程的监控者与学生学习结果的评判者。教师从过去专注于文本解读转向设计学习，设计各种学习支架、量规，等等。简言之，教师设计良好的工具，为学生进入学习、持续学习提供可能用到的各种学习工具。

比如，学生进入撰写祭文、悼词阶段，我们需要提前提供祭文的写作

量规，让学生明白一篇合格的祭文的标准究竟是什么。（见表3-3）

表3-3 祭文（悼词）写作量规

	悼词达人（私人订制级）	悼词写手（批量生产级）	自我欣赏（学徒上路级）	深感悲催（不合格）
内容	角度：能确立特定的角度，在众说纷纭中保持独立见解，并将人物放在历史长河中准确定位 逻辑：有严谨且富创意的逻辑顺序，连贯深入，评价拿捏得很有分寸感	角度：能够找到历史人物特定的角度进行合理开掘，但常常受评论影响人云亦云，没有新意 逻辑：有严谨的逻辑顺序，前后连贯、步步深入，分寸感还不够，像是套路	角度：经常在多个角度之间游移，试图各个角度都触及一下，结果没有重点，感觉像是罗列生平 逻辑：能够确定初步的逻辑顺序，但非常生硬，虽然可以自圆其说，但漏洞很多	角度：没有特定的角度，常常断章取义地将文本信息加以简单整合，评价体现不出合理性 逻辑：还没有掌握逻辑顺序的类型，漏洞很多，呈现出思维混乱状态
情感	表达的情感非常细腻，语言生动真切，有细节有张力；或含蓄或慎重或直抒胸臆或大悲无泪，让听者为之动容或回味无穷	表达的情感与所呈现的特定角度相吻合；使用的语言主要停留在情绪层面，能够抓住一些细节，但情感不够细腻	表达的情感和陈述的角度仿佛两张皮，有些脱节；情感比较造作，不真实；表达的语言在情感程度上的把握上很不稳定	语言干巴巴，没有情感色彩；在评价历史人物时使用的语言要么过激要么造作，没有准确性和分寸感
结构	有整体架构和全局视野，一篇简短悼词道尽历史人物的伟大一生；起承转合，层层相因，自成一体，与立意、情怀相吻合	能够进行整体架构，且通过一篇简短悼词提炼了一生，但在起承转合过程中比较生硬，讲完一层就结束，不够连贯自然	结构不完整，或没头没脑或详略不当，无法承载一个历史人物一生的精彩；虽然分出了层次，但并不能层层深入	仅仅选择了历史人物的几个生平事迹进行堆砌，没有完整的结构，无法引起听者的兴趣和共鸣

终于，给曹孟德的祭文出来了：

祭曹文公

建安二十五年正月，东汉末年杰出的政治家、思想家、文学家，再也不为国家出谋划策，再也写不出令世人吟诵的佳作了。

我们有一丝的宽慰，为国操劳数十载的曹孟德，终于可以休息了，可他却依旧存在着，一个民族的英雄，是不会被历史遗忘的。在此，让我们怀着沉重的心情，时隔近1800年，为远在另一个世界的孟德，表示深刻的敬重。

最伟大的德行是生命，它凭借日月而运转生成，上天注定让孟德出现，安定天下。汉朝天下三分，群雄割据并存。人民流离失所，政治混乱，安定国家的是通晓哲理的人。孟德凭借雄才武略，在艰难的环境与肩负重任的机会同时出现时，树立了匡复汉代、扶正朝纲的不朽功绩。这伟大的功绩，是任何人无法将其埋没的。

孟德生性不安于现状、好动，却十分喜欢读兵书。成为一方诸侯后，在选官制度上坚持唯才是举的路线，这与当时普遍用世家大族的政治背景和历史都完全违背了。而正是他的知人善任、爱才，用人冷静、客观，体现了英雄本色。使用人才对战争来说非常重要，得天下的战略就是使用人才的战略。

孟德的英雄本色还表现在他的智慧与勇武上，表现在他敢作敢为、胆识过人的性格特征上。汉末，他讨伐紊乱朝政的奸臣，心系天下，以民为本，可见他整体的政治理想与政治追求是高尚的、未雨绸缪的。他的权谋也是超常的，他很能辨清社会局势。当三国鼎立的天下局势已成时，他制定了比较正确的并坚持实行多年的政治、军事战略。

孟德在乱世中积极追求个人抱负的实现、自我的不断超越。他一生以"安民定天下"为己任，追逐"老骥伏枥，志在千里。烈士暮年，壮心不已"的境界。面对自我的掩饰，由于对自我有着许许多多的自卑和不安全感，所以他信奉"宁我负天下人，毋天下人负我"，令人难以捉摸，因而纷杂的声音不绝于耳。即使孟德被人们标为高高在上，他纵横捭阖、笑看风云，同时也有温情与宽容的一面。我们可以看到平日里统领千军万马的孟德，也是一个普通人，他的遗书很质朴，很温情。他的宽容，使得其麾下越来越强大。孟德"山不厌高，海不厌深"的宽广胸怀，助他成就了霸业。

眼下，无数个看似普通的陵墓，却又不那么平凡。它曾经在历史上留下过很深的痕迹。没有土堆，不植树，连随葬的金玉器物也少之又少。或许，他真的累了，想得到安宁，可是他却无法遮挡自己的耀眼光芒，简办的丧事，成了光怪陆离的千古之谜。可惜了，孟德最后的遗愿，也没有得以实现。但这，也饱含着我们对他深深的不舍与敬佩。

人固有一死，或重于泰山，或轻于鸿毛。生与死是人生的两个端点，而人生就像一条不归路，有可能，当走到终点时，才会想起途中的遗憾。当我们悟出了生命的真谛时，那生与死，就不过是一个形态的变化。生命创造的价值，才是永恒的财富。

孟德，听见了吗？一声声响亮的爆竹，一拨拨低沉的锣鼓，一曲曲催泪的哀歌，一声接一声，一拨赶一拨，一曲连一曲。这所有悲壮的场景，都是您的后代们，对您最恳切的呼唤！

致曹孟德——我们至今难忘的英雄。

（赵子玥）

得如此学习结果，为师心愿足矣！

第四章

凝练语文学科大概念

学习语文的终极目标并不是学习一篇篇课文，也不是学习一个个专题，或者简单地学习完成18个任务群。《课标》指出："语文课程应引导学生在真实的语言运用情境中，通过自主的语言实践活动，积累言语经验，把握祖国语言文字的特点和运用规律，加深对祖国语言文字的理解与热爱，培养运用祖国语言文字的能力；同时，发展思辨能力，提升思维品质，培育社会主义核心价值观，培养高尚的审美情趣，积累丰厚的文化底蕴，理解文化多样性。"简言之，就是培养学生的正确价值观、必备品格与关键能力。

所以，通过三年或者六年乃至十二年的语文学习，学生最后将所学内化为自己的语文品质，从而发展自己的语文素养。而语文课程内容的结构化就是最重要的途径。学生学习完语文，并不是仅仅在头脑中留下一篇篇经典文章，而是借助这些学习资源，通过完成教师设计的学习任务，在脑海中形成结构化的语文能力框架。

一、语文能力的结构化

那么，语文课程是以什么来完成内容的结构化的呢？

是以人文主题来结构吗？现在统编必修教材的单元组合方式便是以人文主题为主线的。有青春的价值、崇尚劳动、家乡文化、学习之道、科学探索等。通过这些单元的学习，学生在情感态度与价值观方面可能会有良好的认同与体验，但显然最终这些并不能完全表征学生的语文能力。况且语文的功能也绝不仅仅是人文性。

是以任务群来结构吗？高中语文有18个任务群，有语文基本能力的"语言积累、梳理与探究"，也有"整本书阅读与研讨"，也有指向文本功能的"文学阅读与写作""思辨性阅读与表达""实用性阅读与交流"，当然还有专题研读性质的"中华文化传统经典研习""中国革命传统作品研习""中国现当代作家作品研习"等。这18个任务群更像是阅读的对象或者说是阅读的范围，当然也不太可能将语文课程内容结构化。我们也不能就此说明学生学习完这18个任务群，他们的脑海中就会有清晰的语文能力架构。

当然，也不可能像过去那样以文体来结构单元。文体可以结构单元，但不能承担语文课程内容结构化的任务。能将其结构化的必须符合语文学科内容的本质，而这个反映学科本质的东西就是学科大概念。

课标提到："重视以学科大概念为核心，使课程内容结构化，以主题为引领，使课程内容情境化，促进学科核心素养的落实。"[①] 所以，我们在设计每一个单元的内容时，应该基于语文核心素养与自己的经验，钩玄提要，捕捉语文学科大概念。

二、语文学科大概念

那么，什么是大概念呢？

首先，我们要明确什么是概念。从形式逻辑来看，概念是思维的基本形式之一，反映客观事物的一般的、本质的特征。人类在认识过程中，把所感觉到的事物的共同特点抽出来，加以概括，就成为概念。比如，从白雪、白马、白纸等事物里抽出它们颜色上的共同特点，就得出"白"的概念。概念是人类所认知的思维体系中最基本的构筑单位。表达概念的语言形式是词或词组。概念都有内涵和外延。它与定义、判断、推理等共同构成形式逻辑的主要内容。

语文学科内容中有许多概念，比如修辞、叙述、描写、故事、意象、形象、线索、伏笔等，但这些是否就是语文学科的大概念呢？要回答这个问题，我们还要弄明白何谓大概念。

[①] 中华人民共和国教育部.普通高中语文课程标准：2017年版2020年修订[M].北京：人民教育出版社，2020：4.

大概念（Big Idea），是需要学生持续理解的概念。它超越了学科里的细碎概念，反映学科本质，居于学科中心，具有超越具体课堂的持久价值和迁移价值，是学科的关键性概念、原理或方法，也即奥苏伯尔所说的上位知识。需要学生持续理解的内容一定超越了那些不能建立关联的事实和技能，而聚焦在比较大的概念、原则或过程上。大概念具有迁移性，能够迁移到与主题相关或者超越主题的新情境之中。它可能就像化学中的原子，牵一发而动全身；它也可能像物理中的一个定律，可以用来解决陌生环境中的陌生问题。总之，它应该是语文理解文本、建构语言素养的关键概念。它可能是一个核心概念，更是一个关系或者一个论断。大概念"可以把现行的极其丰富的学科内容精简为一组简单的命题，成为更经济、更富活力的东西"①。

由此，大概念的表现形式除了单个概念之外（这个单个概念一定是语文学科最本质的概念），还有就是并列的短语和判断句。

大概念可以让学生将知识内容结构化，并且内化为其语文素养，能让学生在日后的生活、工作中游刃有余地进行迁移，从而更为迅速地进入新的学习；大概念可以让教师始终明确自己的教学要点，锚定各种学习活动和学习任务，无论其多么纷繁复杂，总能直指目标。

三、语文学科大概念的表现形式

接下来，我们例举哪些概念能够成为语文学科大概念。

高中语文统编教材必修上第一单元，人文主题是"青春的价值"，学习资源包含 5 首现代诗和 2 篇短篇小说，它们以不同的形式从不同的角度多方位展现了青春情怀。我们的目标不仅仅是让学生感受不同的青春情怀，点燃他们思考人生、积极上进的热情，我们还需要让他们形成结构化

---

① 钟启泉. 现代课程论 [M]. 上海：上海教育出版社，2003：134.

的语文能力，从而使其在其他情境中也能进入文本，把握文本。假如我们单纯从阅读诗歌作品这个角度来看，那么"意象"就应该是一个重要的大概念，因为它是进入诗歌作品的重要密码。于是，我们就可以围绕"意象"来设计学习任务，让它成为学生语文关键能力的一个重要节点。

然而，一个词语作为一个大概念，对学生的深度理解仍会有较大的模糊性。学生知道意象是一个重要的核心概念，但有可能并不清楚它何以重要，它与其他某个概念会有怎样的联系。我们知道，只有建立联系的概念才能让人不断思考，一个孤立的概念并不是大概念的本质特征。于是，我们必须寻找能够与"意象"建立逻辑关联的另一个词语，那就是诗人的"情思"。

古人云："诗言志。""志"即"情思"，大凡不表达"情思"的意象一般来说都是无意义的。这样我们便进一步明确了围绕"意象"这个核心概念，寻找到与其紧密关联的另一个词语"情思"，于是，学科大概念就可以如此表达：意象与情思。

两个概念形成一个并列关系，但其内涵并非并列所涵盖得了的。这便需要学生深入思考，形成解读诗歌，包括古典诗歌或者其他文学作品的重要途径。而这个关系型的学科大概念就比单一的"意象"更具结构性。

当然，我们完全可以将其关系明确，形成一个判断：一切景语皆情语，或者，诗人都善于运用意象来表达自己的情思。这是学科大概念的另一种表述。

在此，我更加倾向于语文学科大概念应该是关系型的两个概念，或者是一个判断句。

每个大概念以命题而非概念术语的方式表达，可以更加清楚地说明概念的内涵与其学习要求。

我们设想一下，如果我们设计的每一个单元都有这样能够表征学科本质的一条、两条大概念，那么即使学生忘记了所读过文本的具体内容，对这些大概念的深度思考，也会内化成其语文关键能力，学习者的脑海中会有一张节点彼此关联的网络，而这就应该是学习者的语文素养。

再比如，阅读小说《边城》，可以围绕"环境（包括地域、气候及人文）对人的性格有重要的影响"这个大概念来设计核心任务。而在学习思辨性阅读与表达（如苏洵的《六国论》、杜牧的《阿房宫赋》）等单元时，可以围绕"写作意图决定了作者对历史事件的分析与判断"来进行活动设计。其他诸如材料与观点、修辞与立意等，都可以成为语文学科的大概念。

然而，与其他学科不同的是，语文学科长期以来以定篇、定文来呈现大概念，出现在师生面前的是一篇篇经典的课文，因而其背后的规律性的、本质性的大概念并不是十分明显，这导致学科大概念需要教师依据核心素养以及语文本体论来确定。

总之，在设计学习任务的时候，教师应该努力捕捉学科大概念，使语文课程内容结构化。只要教师去思考，去捕捉，我相信语文一定会有一份较为完善的大概念图谱。国外学者凯希和莫里斯曾以"雨伞"作为隐喻提出判断核心概念的方法，想象一下，一把大雨伞下面有一把小雨伞，下面还有一把更小的雨伞。我们努力寻找那把大伞中的小伞。

【案例叙事之四：编辑一个诗歌单元】

我们如何进行古代诗歌的阅读教学呢？当然，回答这个问题，应基于对多种情况的考虑。比如，是集中学习一首诗歌，还是在一个时间段集中学习数首诗歌？是以教师主讲为主，还是以学生的活动为主？目的是精读、鉴赏一首诗歌，还是学会理解诗歌的基本方法呢？

假如我们要达成的质量水平是以下标准：

> 在理解语言时，能区分主要信息和次要信息，理解并准确概括其内容、观点和情感倾向；能对获得的信息及其表述逻辑作出评价；能利用获得的信息分析并解决具体问题。在表达时，能注

意自己的语言运用，力求概念准确、判断合理、推理有逻辑。①

假如我们两节课要学习的诗歌不是 1 首，而是 12 首（见表 4-1）：

表 4-1　12 首诗歌

作者	朝代	题目
	汉	古诗十九首（其十·迢迢牵牛星）
陆游	南宋	秋思三首（其一）
张旭	唐	山中留客
张九龄	唐	望月怀远
孟浩然	唐	过故人庄
李白	唐	春夜洛城闻笛
李白	唐	送友人
杜甫	唐	月夜
白居易	唐	问刘十九
李益	唐	喜见外弟又言别
张籍	唐	秋思
韦应物	唐	早春对雪，寄前殿中元侍御

当然，以上诗歌选材仅为举例，各位老师可以根据学生情况进行调整。但教师所提供的学习资源一定有一个标准，那就是能最大限度地达成学习目标。

面对这么多诗歌，纵然其中部分诗歌对学生来说难度并不是很大，但假如我们仍是采取过去逐首讲读的方法，那两节课肯定完不成任务。我们换一个思路，假如设计任务，让学生自我完成阅读呢？也许就会是另外一番景象了。

---

① 中华人民共和国教育部. 普通高中语文课程标准：2017 年版 2020 年修订 [M]. 北京：人民教育出版社. 2020：36.

我们且设计学习目标：

1. 能够基于一定的标准对诗歌进行分类整合。
2. 能够调动已有知识初步理解诗歌。
3. 能够确定诗歌理解的难点并提出解决办法。

我们的目标定位在训练学生的思维与学习方法的获得上。当然，在方法的获得中，学生也能基本理解诗歌并能达到一定的深度阅读。

目标 1 指向学生的分类思维，但分类的基础是学生必须学习或者具备一定的古代诗歌分类的知识。

目标 2 指向学生的初步理解，需要学生调动自己已有的经验与同伴读懂诗歌。

目标 3 指向深度理解，解决诗歌理解的难点，但这个难点并不是教师预设的难点，而是学生在阅读中真正遇到的难点，并且要寻找策略去解决它。

本学习单元需要学生明晓的学科大概念就是：古代诗歌在题材相似的时候表达的思想感情基本也是相似的。这可以作为解读古代诗歌的一把钥匙。

学习目标确定后，我们设定一个核心任务去实现这些目标。我们应该研究、设定一个真实的情境任务，让学生能够自我开展学习，在项目达成过程中实现预设的学习目标。

核心任务：语文组老师希望同学们为初二的学生编选一个古代诗歌学习单元。

这是一个具有真实情境的学习任务，因为它真的可以变为现实。换言之，教师真的可以将优秀的单元设计提供给初二的学生进行拓展学习。首先，学生在完成这个任务中，他们是在做一件有意义的事情，然后在做事的过程中也学习了学习资源中的古代诗歌。

那么，一个真实的学习单元包含哪些要素呢？实际上，这对学生来说并不陌生，因为在有限的学习生涯中，他们最熟悉的莫过于教材，而教材就是由若干单元构成的。所以，学生需要再熟悉一下单元的构成要素，只要翻翻自己的教科书就可以了。当然，为了让学生很好地达成任务，教师必须设计若干子任务来引导学生进入学习。

子任务1：根据一定的独特的标准筛选4首诗歌组成一个有机单元。（请说明组合单元的标准并给这个单元拟一个标题）

要组成一个单元，首先要从12首诗歌里筛选出4首作为单元的学习资源。当然，这4首诗歌并非随机选取，而要按照一定的标准进行选择。这个标准可以是诗歌的主题，比如思乡、送别、秋日、走在路上等，也可以是诗歌的表现手法，比如借景抒情、以景结句、以月为媒介等，只要学生能够自成逻辑就行。教师可以先将不能实现学习目标的分类方法排除掉，告诉学生不能这样分类。比如，按照作者或者作者的朝代分类。教师设计子任务的一个关键考量就是避免学生"假学习"或不深入思考。所以，学生要完成这个任务，首先就需要大致浏览这些诗歌，有一个整体的把握，然后才能调动已有的知识积累确定分类标准。

子任务2：在淘汰掉的诗歌里，至少选择一首说明淘汰的理由。

作为设计者，教师总是害怕学生走捷径，不能将绝大部分诗歌都仔细研究一番，只是选择符合自己标准的资源而忽略其他资源。当然，这是为了完成核心任务，无可厚非。但语文教学有时候又不是完全的项目式学习，只是奔着最终的结果去。教师希望学生能够阅读更多资源，但又不能像过去那样一首一首讲过去或者强迫学生去读，那样学生的学习主动性又会丧失。所以，我们只能通过任务的设计让学生阅读更多资源，而且这个阅读还是与核心任务相关的有意义的阅读。

在这个任务里，学生根据自己确定的标准选择 4 首后，再选择一首淘汰掉的，说明不选的理由。首先，他要阅读这首诗歌；其次，他要与自己的标准相互比对，从而辨识清楚这首诗的特点。这就是学习的过程。

子任务 3：为你的单元写一段单元导语，说明单元内容以及学习重点。

学生选择完符合要求的诗歌后，需要仔细研读，看看这些诗歌的共同特点是什么，自己作为编者想让学生掌握哪些知识点和能力点。学生站在编者的视角来审视这些诗歌，会有一种别样的感觉，这种感觉会让他思考过去由教师讲解的内容。西方流行的费曼学习法的核心就是讲给他人听，亦即站在教者的视角来重新审视学习内容。

子任务 4：对所选定的诗歌给出关键词语的注释。

如果前三个子任务是让学生从整体上把握同一个类型的诗歌的基本内容，那么接下来的任务就是进入诗歌内部，从诗歌语言出发，看看哪些词语需要注释。实际上，需要注释的词语可能也是他自己不会的词语，但现在换个身份，就需要自己主动去查词典，问老师。

子任务 5：商讨并确定每一首诗歌的阅读障碍点以及解决办法。

这个任务让学生从词语中走出来，看看影响一首诗歌理解的，除了不理解的词语之外，还会有什么。可能有意象的含义、诗句的跳跃、语句的倒装、诗歌语言的超常搭配，等等。学生还要考虑读者对象，将那些自己不懂或者自己懂了但觉得初二学生不懂的地方找出来，给出注释，并提出以后遇到这样的问题如何解决。我们将教师过去备课的一些程序还原出来，让学生体验一遍，使他们学会学习。

　　子任务6：编制单元学习思考题，并给出参考答案。

　　这个任务的目的是让学生学会提出问题，并准确地表述。

　　至此，学生明晓了学习目标，知道了核心任务以及达成任务的具体要求，就可以投入项目之中了。这样，学生的学习当然就不是单纯听教师讲解，而是自己真正去做一件事了。而且此时小组合作就变得合理且有意义了。这样的小组合作学习是真正彼此需要，而不是做个合作学习的样子，因为没有人保证自己一定都能读懂那些诗歌。

　　除了诗歌本身这一学习资源外，教师尚需提供若干学习支架，比如诗歌的多种分类方法、各种词典、小资料、一般问题的提问方法与答法。最重要的是每一个子任务都应有一个评估的量规，从相应的维度预先对学生的学习结果做评判，以便学生清晰地了解一个任务要做到怎样的程度算合格乃至优秀，怎样的程度算不合格，需要避免。

　　在这样的课堂里，你看到每一组学生都在积极思考，相互争论，最后达成一致意见。教师极有可能被每一组需要，需要解答疑难问题，需要调节争论，给出恰切的评判。

　　发给每一组学生一张比较大的纸，帮他们准备好马克笔，让各组将他们的创意写在纸上，做成海报。然后，用抽签的方式抽出学生为所有同学进行讲解，最后教师与学生共同评定，选出最优秀者。

第五章 提出核心问题

一、核心问题的价值

在展开一个学习单元之前,我们需不需要一个或几个核心问题?答案是:需要。

核心问题主要并不是提给老师的,而是提给学生的。核心问题也可称为基本问题,但基本问题并不是基础问题,它应该是引导教学和激励学生对每个主题单元最重要的大概念进行深入探索的问题。一个科学的探究模型应该是这样的:

提出问题 —— 解决问题 —— 生成新的问题

因此,问题永远是推动人们进行深入探究的原动力。

一个学习单元没有核心问题,就意味着这个单元是闭合的,学生就可能不会有后续的思考行为。对语文学科来说,追求的并不仅仅是完成一个核心任务或几个关键任务,解决若干问题,而更应是通过本单元的学习,引发对某个问题更为深入的思考。这个问题可能并不能在本单元结束,而是一直延续到未来的学习单元,乃至学生进入社会后仍会结合自己的人生体验不断思考的问题。所以,核心问题应该是一个学习单元价值的预示和指向。

我们在设计学习任务前就应该提出核心问题,这也是我们设计任务时的重要依据。

二、核心问题的特征

那么,什么样的问题可以称为核心问题呢?

例如，在设计整本书《乡土中国》的阅读时，需要学生持续理解的核心问题是什么？作者费孝通基于田野调查的丰富积累，对中国传统社会结构进行了充分思考和分析，尝试回答：

作为中国基层社会的乡土社会究竟是个什么样的社会？

这是作者在《乡土中国》里试图回答的问题。这个问题能否作为学习《乡土中国》的核心问题呢？

我以为还不够。因为这个问题作者在书里已经回答了。换言之，学生在书里是可以找到答案的。学生所做的工作无非就是获取信息，然后进行归纳、概括。所以，这个问题可以作为理清文本的一个问题，但还不是一个可以引发学生深入思考的问题。

核心问题应该能让学生通过阅读走得更远，比如与当前现实的关联，与新的情境的关联，与未来人生的关联，而不单单了解一本书讲了什么。

当然，《乡土中国》一书里出现了许多陌生的概念，如"差序格局""礼俗社会""血缘社会"等，我们也不能将"什么是差序格局"等作为核心问题，因为这些都是有固定答案的问题，并不能让人产生更多联想。

这本书写于20世纪40年代，是作者对那个时代中国传统社会结构的分析和思考。当今中国社会正处于转型的关键时期，传统与现代的交织和转换、乡村与城市的碰撞和融合，使社会发生了巨大变化。那么，在当今社会，这本书里的观念和分析是否还有价值呢？这应该是学生阅读这本书的关键点所在。所以，核心问题可以是这样的：

当今的中国乡村社会是否依然是乡土社会？

这样的核心问题会促使学生将阅读与现实联系起来，持续思考这本书对当代的价值。

再比如，设计以曹操这样的历史人物为主题的学习单元，再研读曹操的传记、诗文以及后人对他的评价。在完成核心任务时，学生要不断思考一个核心问题：

伟大的人物是如何影响历史的？

其他诸如：

人的社会地位和遭遇会决定他的性格吗？
在一个对话重于对抗的社会中，我们怎样表达才能达到有效交流之目的，并在博弈中达成双赢？
是什么影响着古人看山水的眼光？我们今天如何看待山水？
当我们阅读《红楼梦》的时候，我们在阅读什么？

由上观之，核心问题应该具备以下若干特征：

1. 没有明确的、一定的答案。核心问题并不试图得出一个平淡无奇的答案；相反，它是进入讨论、探索的一扇门。它更加倾向于引发一段争论而不追求确定的结论。

2. 能够引发其他重要问题，而且常常是跨领域的问题。当我们在思考"当我们阅读《红楼梦》的时候，我们在阅读什么"时，我们不仅思考《红楼梦》的价值，同时会思考这本书与我们的关联。

3. 这个问题经常会复现，即在以后其他领域的学习中可能会被提及。比如，伟大的人物是如何影响历史的。

核心问题和学科大概念相辅相成，一个指向开放，一个指向封闭。

【案例叙事之五：海明威与《老人与海》】

朝花夕拾，总是有意义的。不然就觉着无限重复，好似没有生活过一样。

那天开始，要学习《老人与海》了。（此处假如有时态，应该是过去将来时）如果不是学习，随便读读就可以了，但学习便具有功利性的。于是，我们就无法像茶余饭后翻了一张报纸或刷了微信朋友圈那样。

第一天

【关键词：学习任务】

同学们，从本周开始，我们将要学习海明威的《老人与海》。你们打印了学习任务书，购买或者翻出了旧日的书籍。我们将持续两周时间（听起来好像很多日子，实际上也就八节课），研读或者重新研读这本海明威认为自己写得最好的小说。确实也写得好，不然如何获得诺贝尔文学奖了呢？不要说自己已经读过了（虽然你真的在初中就读过了）。单就故事情节来看，《老人与海》是最好概括的一本小说，简直用一句话就可以概括了，就像海明威的简洁风格。然而，卡尔维诺曾说，所谓经典就是你正在重读的那本书。

那群孩子，闪着或不屑或渴知的目光，翻了自己手边的《老人与海》。那《老人与海》以各种版本、各种封面晃动在教室里的阳光下。

我们暂且无法评价哪一个版本更优良。有学生道："那我们看英文版的就行了。"那真的不行，我们学习的是中国语文，我们要从中国的文字中感受中文运用的妙处。不是随便一个懂英文的人就可以做翻译家的。

且看小说开篇第一句，各版本的译文不大一样。

He was an old man who fished alone in a skiff in the Gulf Stream and he had gone eighty-four days now without taking a fish.

余光中：那老人独驾轻舟，在墨西哥湾暖流里捕鱼，如今出海已有八十四天，仍是一鱼不获。

　　吴劳：他是个独自在湾流中一条小船上钓鱼的老人，至今已去了八十四天，一条鱼也没逮住。

　　李育超：他是一个老人，独自驾一条小船在湾流中捕鱼，这回连续出海八十四天，一无所获。

　　张爱玲：他是一个老头子，一个人划着一只小船在墨西哥湾大海流打鱼，而他已经有八十四天没有捕到一条鱼了。

　　李继宏：他是个老人，独自划着小船，在湾流中捕鱼；八十四天来，他没打到鱼。

你喜欢哪种中文呢？学生们翻了自己的版本，如发现新大陆一般兴奋。

闲言少叙，言归正传。我们的学习目标是：

　　1. 能够从中西文化比较的角度，将桑迪亚哥的精神特质与相关的中国文化元素关联比对。

　　2. 能够深入人物的精神世界及所展现的社会生活，分析作品的象征元素（大海、大马林鱼、鲨鱼、狮子等），进而多元解读作品主题。

　　3. 能够了解海明威的语言风格、叙事手法，进而把握作品独特的艺术成就。

我们的学科大概念，亦即我们需要持续理解的观念是：

　　作家的个性、经历、创作理念以及作品的特点等，都会影响其作品风格。

需要大家不断思考的核心问题是：

为什么《老人与海》这部作品被视为经典？在中国的文化背景下，桑迪亚哥是否会被视为英雄？

最终我们要完成一项模拟采访任务：

其一，假如海明威来到中国，参加他的新作《老人与海》的读者见面会。你有一个机会可以采访海明威，请你写一份采访提纲。当然，采访提纲需要围绕《老人与海》展开。

其二，假如你是海明威，请你事先阅读记者提交的采访提纲，并准备回答有关问题。我们将有一节课的时间来呈现这样一个采访情境。

为了完成这样一个综合性的阅读任务，有若干子任务作为支撑，帮助大家一步一步达成对《老人与海》的深度理解。

子任务1：为《老人与海》分出章节，并给每个章节拟一个类似古典小说一样的章回题目。（回想一下《红楼梦》的回目）

子任务2：请勾画小说中关于老人内心变化状况的语句，并批注变化的原因，最后用一张图来完整呈现老人心理的变化发展（具体情节转折点及心理分析词语）。

子任务3：假如老人可以在大海之上给男孩马诺林写信，请你在之前的任务基础上，结合老人在大海之上的所见所想所言所思，以老人的口吻，给男孩写两封信。

如果可能的话，你还可以设想一下：如果主人公是一位中国老渔民，你认为故事会怎样叙述？

做好你的学习计划，开始学习。

第二天

【关键词：冰山理论】

昨天晚上陆续收到了学生的自我学习规划。有写得细致的，有写得粗糙的；有可操作的，亦有应付差事的。学习力的强弱大约也由此而体现。所以，我还得坚持要学生做好自我学习规划，使其养成习惯。

课上花一点儿时间开谈海明威写作的冰山理论，目的是让学生知道冰山理论的基本内涵，从而能在阅读《老人与海》时进入深度理解。

> 同学们，《老人与海》这篇小说故事极其简单。如果需要概括故事情节的话，大约用不到100字就可解决，这连小学生也会讲得很清楚的。所以，你们阅读的重点根本不在故事情节，何况你们可能不是第一遍阅读。所以，我们的任务之一稍微增加了点儿难度，就是利用章回的形式来给小说分章节，并起一个章回式的对偶式的题目。（学生插话曰：好难啊！老师，非要对仗吗？当然。）

且说这篇小说是有来历的，是海明威根据自己的一则通讯敷衍而成的。那则通讯《在蓝色的大海上》是这样的：

> ……一个老人独自在加巴尼斯港口外的海面上打鱼，他钓到一条马林鱼，那条鱼拽着沉重的钓丝把小船拖到很远的海上。两天以后，渔民们在朝东方向六十哩的地方找到了这个老人，马林鱼的头和上半身绑在船边上。剩下的鱼肉还不到一半，有八百磅重。鱼在深水里游，拖着船，老人跟着它一天，一夜，又一天，又一夜。鱼泛到海面上，老人驾船过去钩住它。鲨鱼游到船边袭击那条鱼，老人一个人在湾流的小船上对付鲨鱼，用桨打、戳、刺，累得他精疲力尽，鲨鱼却把能吃到的鱼肉统统吃掉。渔民们

找到他的时候，老人正在船上哭，损失了鱼，他快气疯了，鲨鱼还在船的周围打转。①

根据这则通讯，我们阅读时要关注什么？海明威如此叙述自己的冰山理论："如果一位散文家对于他想写的东西心里很有数，那么他可以省略他所知道的东西，读者呢，只要作家写得真实，会强烈地感觉到他所省略的地方，好像作者已经写出来似的"②，"冰山在海里移动很是庄严宏伟，这是因为它只有八分之一露在水面上"③。我在黑板上画了一个类似开口朝下的二次函数图像，大约就是冰山了。（见图 5-1）

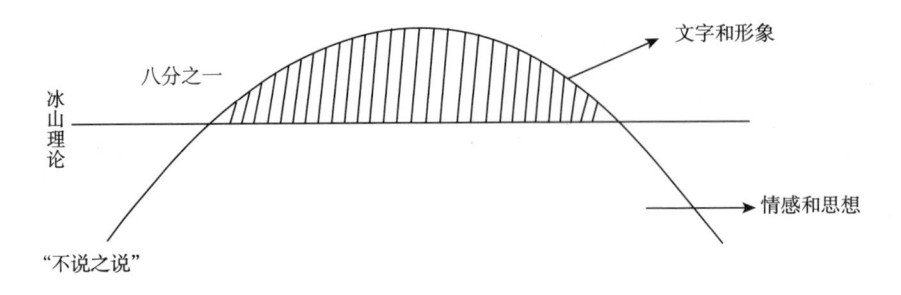

图 5-1　冰山理论示意图

那上面的部分谁都能看见，而看不见的部分才是更为重要的，也是海明威想利用他极简的文字来传达的。那不妨在阅读时想想，与短小的通讯《在蓝色的大海上》相比，小说改编了什么，增加了什么，减少了什么。这些便是水下八分之七的内容。透过故事的表面，看到深沉的意蕴，才是我们阅读小说的趣味所在，我们要渐渐超越仅仅停留在动人情节上的阅读层次，进入形而上的理性思考。

学生关注到了通讯中"渔民们找到他的时候，老人正在船上哭"这个细节，忍俊不禁，生生把一个悲剧读成了喜剧。

---

①②③ 董衡巽.海明威研究[M].北京：中国社会科学出版社，1980：14，14，4.

第三天

【关键词：主旨】

开始看到了学生的章回题目。选几个较佳的展示一下，可见古人写作章回的不易。

  第一回 走霉运八十四天一鱼不获 怀信心凌晨时分扬帆起航

  第二回 一人一鱼渐入僵局 两天两夜难分结果

  第三回 独钓马林鱼渔夫受轻伤 孤坐帆船里老人忆旧事

  第四回 蛮力惊人巨鱼不降 智勇加身老人取胜

  第五回 弹尽粮绝老人护鱼 阴险狡诈鲨鱼抢食

  第六回 精疲力尽终回港 心力交瘁再梦狮

这且按下不表，单说主旨的多样性。一篇小说，其主旨绝非单一，这也是名著存在的价值。正如一千个读者有一千个哈姆雷特，《老人与海》也有丰富的意蕴，何况海明威只让你看到表层的八分之一。说说我们能够读出来的，或者大约可以言之成理、能够逻辑自洽的若干主旨。

其一，抵抗失败。

作为一个在过去84天都没打着一条鱼的老渔夫，桑迪亚哥不断与失败抗争。他从来就没有向失败低过头。他要去他从来没有去过的远海，满是希望能够捕到大鱼。虽然精疲力竭，但是他和大马林鱼搏斗了三天三夜，并终于战胜了马林鱼。当其遇上不屈不挠的鲨鱼时，明知胜利无望，但却毫不妥协。他当然不是一个满血复活打不死的勇士，他疲惫，他抽筋，他眼花。然而，他有很多方法为自己鼓劲加油：他会想起他的年轻，他曾拥有的毅力与力量；他觉得不能让马诺林看不起自己，他要证明自己是一个良好价值观的榜样；他要与他景仰的英雄迪马吉奥比赛一下；当然，他也向上帝祈祷，虽然这祈祷并没有减轻他的手与背的伤痛。

桑迪亚哥所象征的是一个人在向生存挑战。没有人能够逃脱死亡，正如桑迪亚哥要把一条1500磅的大马林鱼拖回来是多么的渺茫。然而，通过桑迪亚哥的抗争，海明威要证明的不是要逃脱死亡，而是生命的意义。这也就是桑迪亚哥在他和马林鱼搏斗的最后对自己所说的："一个人可以被毁灭，但不能被打败。"换言之，战胜必然性并不能定义一个人，而对抗必然性则可以。从这一点来说，桑迪亚哥的悲剧与古希腊悲剧具有同等意义。于是，对手愈强大，就愈能证明自己。

其二，维护尊严。

人之所以成为人，就是因为其尊严。不吃嗟来之食便是如此。而这也是鲁迅立人的主旨（看其《呐喊》中的数篇可知）。实际上，桑迪亚哥的尊严在小说里被描绘成激发他成为一个伟大的人的唯一内驱力，如果我们承认他是一个伟大的人的话。正是尊严使他能够在如此极度耗费体力、精神的三天中在茫茫海洋中坚持，也是尊严让他与鱼斗，与鲨斗，或者说与自己斗。他要战胜他的软弱，战胜他的犹疑。但是，我们需要认识到桑迪亚哥的尊严是有限制的，尊严并非使桑迪亚哥变成一个超越实际的虚幻的人，尊严使他更能够成为他自己。故事开始时，当马诺林告诉他，他是最好的渔夫时，桑迪亚哥谦逊地否认了这一点。我们并不能因为别人赞美自己，自己就迷失了自我。桑迪亚哥不会。桑迪亚哥的尊严让他成为他自己——一个男人，一个渔夫。他必须杀死马林鱼，这是想告诉马诺林"一个人能做什么，能够忍受什么"。桑迪亚哥在尊严与谦逊之间找到了一种平衡。谦逊并不是丢脸，它也不会让你的尊严真正损失什么。

其三，歌颂友谊。

写下这一点时，耳边似乎传来《友谊地久天长》的歌声。桑迪亚哥与马诺林之间的友谊是"老桑"战胜大马林鱼的重要因素。如果没有"小马"，那老人就是现实中那个坐在船上哭泣的古巴渔夫了。小马同学是老桑的徒弟，从五岁起就跟着老桑打鱼。老桑指导他，伴他长大。小马常常给老桑带来吃的、穿的，帮助他扛扛桅杆。当然，小马同学还给老桑带来了精神上的慰藉。当桑迪亚哥的坏运气爆棚的时候，小马同学总是去鼓励他，虽然老桑的自信从来就没有消失过。但不可否认的是，当小马在身边的时候，"当微风起来时，它是那样的清新"。所以，当他和马林鱼搏斗的时候，他不向失败屈服，因为他知道，那样马诺林会失望的。

虽然小说中大部分时间小马同学都是缺失的，但是桑迪亚哥知道马诺林总是在那个确定的地方。在小说里，桑迪亚哥是一个多么孤独的人！妻子去世，他独自生活与打鱼。即使这样，正如他不屈服于死亡，他也不屈服于孤独。他有大自然中的朋友：飞鱼是他的朋友，马林鱼是他的兄弟，星星是他遥远的朋友，大海是他爱着的女人。他对自己说话，他对自己受伤的左手说话，仿佛马诺林就坐在身边。最终，那真实的友谊以及想象中的友谊让桑迪亚哥完成了对可能陷入自我怜悯的突围。

其四，青春与老年。

小说题目《老人与海》本身便暗示了老年在主题中的关键性。小说中两个主要人物——桑迪亚哥与马诺林代表着老年与青春以及两者之间的和谐发展：一方缺失的也是另一方拥有的。比如，马诺林的精力与热情是老人所缺失的，他为老人提供了吃穿用度以及鼓励；而老人的经验与智慧则是马诺林所缺失的。桑迪亚哥讲的故事是马诺林喜欢的，桑迪亚哥捕鱼的技艺都是马诺林要去学习的。桑迪亚哥更像一个导师，无论在生存层次的捕鱼技巧方面，还是在面对困难的人生方面。你看，他去遥远的海上捕鱼本身就是希望给马诺林树立一个榜样，告诉他"一个人能做什么"。

当然，桑迪亚哥的年纪——"老人"在小说中具备重要的意义，因为上了年纪身体便衰弱了。假如他不是一个老人，而是一个年轻小伙子，那么他的胜利对他就没有很大的意义。正如桑迪亚哥自己所说的，他曾经见过很多超过两千磅的鱼，而且还捕到过两条那样大的鱼，但却不是他自己一个人，也不是这样的上了年纪。桑迪亚哥从回忆（年轻时的事迹）中找到了勇气与慰藉，而这一点是以象征的意象出现在他的梦中，那便是在海滩上漫步的狮子。他想起那些狮子——缓慢、优雅却不失勇猛。这是从一个老人的视角来观照的结果。

其五，人与自然。

这一点几乎是冰山之上的八分之一部分，每一个读者大约都能看到。但需要提醒诸位的是，桑迪亚哥不仅把马林鱼看作对手，同时他爱它如同兄弟一般。在搏斗的间隙，他对马林鱼说："来，杀死我。我根本不介意谁杀死谁。"桑迪亚哥的声明向我们传递了他对马林鱼的尊重，同时也暗示了人作为大自然中的一员所应遵循的丛林法则。杀或者被杀，人和自然形成一个循环的系统，从而死亡也是新生的前奏。然而，人毕竟与动物不同，人懂得敬畏自然。

其六，宗教隐喻。

我跟同学们说，有人读出了宗教的隐喻。你看，桑迪亚哥就是受难的基督，马诺林则是其门徒。而当桑迪亚哥扛着桅杆回来时，那便是基督背着十字架了。

第四天

【关键词：信之评价】

老人桑迪亚哥独自在海上之时，他经常念叨："但愿那男孩在这儿就好了。"可知他有许多话要对男孩说。假如他可以在大海之上给男孩写信，请你在之前的任务基础上，结合老人在大海之上的所见所想所言所思，以老人的口吻，给男孩写两封信。（海上的第一天及第二天）

这几天，学生陆续把老桑给小马的两封信发到了云课堂的讨论区。看他们写道：

第一天

致我亲爱的小男孩：

不知道你是否正像我一样在海上漂泊着，并和那些可爱的生物较着劲。

　　我告诉过你，我不会再次创造一个捕不到鱼的天数纪录。就在几个小时前，那太阳还在我头顶肆虐的时候，那一条鱼咬了钩。它的个头一定不小，我可以感觉到。

　　如果你在这里就好了，那条鱼一定会让你吃惊的。可惜你大概只能看到它的遗体了。它是多么有力，充满了生命力！这样一条鱼，就将我这个老头子和这一整只破船生生拽走了！我正向深海走着，前面有什么，我也无法预期。在我活过的这么些年里，也很少到过深海。我向圣母和大海祈祷，她们会保佑我的。

　　也许是年龄的缘故吧，我的气力早不如当年。我和那位尚不知名的大鱼兄弟，谁也降伏不了谁，但是我们都不打算轻易在这场僵持中妥协。哈瓦那的灯光已经看不到了，我的确走得太远了。如果你在，自然是可以帮我看着这条大鱼的。你肯定会用你年轻的臂膀帮上我这个老头子一把，你肯定会比我更聪明，还能想到好多我没顾上的事情。

　　但是你不在，马诺林。这无疑是一件可惜的事情。我还是得自己去对付这个难缠的敌手。大海从来不白白给予你什么，她只照顾那些真正值得她的馈赠的人。我是一个糟老头子，但是我自认为我还是与一些人不同的。我至少还有些力气，尚且扛得动桅杆，我还知道很多捕鱼的诀窍。八十多天没能捕到鱼不算什么——这并不是因为我的懒惰，因此这件事并没有什么好羞愧的。这也并不能改变什么，我依旧是一个渔夫，我仍然需要航行在海上。这是我的命运，孩子。但无论如何，我是不会轻易妥协的，正如那勒紧了钓线的大鱼一样——它都还未放弃呢。

　　马诺林，其实你不在也是好事。你有着天赐的好运，又在一条走运的船上。我一个老头，仰仗着先前的些许照顾，本是不应把你来缚住，阻了你的前途的。但是你却总是来帮我的忙，你的确是个心善的孩子。以你的力量和好运，你一定可以比我更强。

既然已经成为一名渔夫，就当用你背后的力量和额上的汗水，为你心中的希望拼搏直至死亡。

尚于海上漂泊之人书

第二天

致小男孩：

　　这已经是我跟着这条固执的大鱼向深海走的第2天了。它终于出水了，我看见了它闪闪发光的鱼鳞和棒球棒那样长的尖嘴。它的个头比我的渔船还要大上很多！

　　不幸的是，我的左手竟然抽筋了。被自己的身体背叛是一种很不好的感觉。如果你在这里，马诺林，你大概会帮我按摩按摩，兴许它就会好了呢。只是我自己一个人就没有什么办法了——我的右手兄弟正替我拽着那不断往外滑的钓线，它是没有空闲可以来帮助我的左手的了。所幸这时候那条大鱼还没有被惊动，我还能够对付得过来。

　　那鱼是在晚上突然跳起的。它猛地拽起了钓线，好像就要把我的手生生勒破了。啊，孩子，如果你在，你一定会帮我把钓线打湿的吧！这样我也不会因为右手流血而白白损失许多力气。这件事的确发生得很突然，但是我还有诀窍和经验，我要让它也为此付出代价。

　　我已经向圣母祷告过了，这条鱼必然是要死在我这个老头子手上的——不论它多么地神气，多么地了不起。对它来说，这样做确实很不公平——它并不是为了成为人们的盘中餐而生的。但不幸的是，我却是为了征服它而生的。我占着有利的风向，我储有足够的食物，我还有一身的力气和不灭的决心。我就要证明给你看，我实实在在是一个和别人不大一样的老头子。

　　我一个人大概是没什么好失去了的，不知那条大鱼是否也是如此。就让大海见证两个亡命之徒的角逐，让她去裁决最后的赢家。就算最后头昏眼花、人事不省，也莫要让我辜负了这样一名难得的对手。但是，孩子，我自认为即便我的力量不如先前了，我至少还有打败这样一条鱼的能力，我是不会输给它的。也许它也是这样在水底轻视着我这个老头的呢！

　　它是我的兄弟，然而我必须杀死它。这令人悲伤，但这是我一生所要做的事。永远不要沉迷在轻易捕到许多小鱼的胜利之中，只有一场苦战方能为你博得别人的尊敬——这也是大海一直在告诉我的。

那个顽固的老渔夫书

　　（这两封信为北京十一学校 2021 届毕业生孙亮亮当时的作业，她现就读于北京大学医学部）

　　这两封信写得真好，符合书信所要求的文体特征——有充实的对话感。细节的描述与情感的抒发都很充分。我说"大家都写得不错，假若马诺林读了，我想他也会很高兴的"。

　　然而，同学们，这并不是我十分想要的。你们做到了情境再现，你们用生动的语言还原了桑迪亚哥捕鱼的情景与心理，你们终于找着了一个倾诉的对象，不用让老人自言自语了。

　　然而，这不是我需要的。因为这在很大程度上是复述，虽然你复述得不错。你也认为马诺林没有看到老人捕鱼的情景，但我们读者看到了。于是你复现的意义就不大。我需要你们写出文本中没有的东西。

　　（那我们哪能知道？！）当然，你需要知道。你需要告诉马诺林那水下八分之七的内容。不过你不用说八分之七，说八分之一也行，但必须是水下的部分。

　　你是桑迪亚哥，你正好可以利用这个机会谈谈你为什么要出远海打鱼，为什么非要打一条大鱼。你还可以谈谈你梦到了狮子，为什么会梦到狮子。当然，你还可以谈谈你对大海的态度，进而审视人类对自然的态度，等等。所以，你要写出小说中的不说之说、不言之言。

学生好像恍然大悟似的点头。我说，当然这也是老师的问题，在你写作之前没有要求得更加清晰，然而，作为具有审辨思维能力的高中生，你应该有能力辨别任务的需求是什么。

学生需要阅读其他人的信件，然后选择若干封加以评点。后来，我把学生写给马诺林的信件整合成一个PDF文件，发到了班级群以及家长群里。此是后话，按下不表。

第五天

【关键词：象征】

本节课讨论到《老人与海》中的象征。有研究者认为，这篇小说可以看成一篇寓言。既然是寓言，那么象征就是必不可少的。当然，不是所有的名物或细节都有象征意味。我发给学生半张纸，让他们先做一个小小的思考训练。

下面是关于《老人与海》中的象征的一个梳理工具（见表5-1）。

表5-1 《老人与海》中的象征

物象	特点（小说中）	与老人的联系	象征

《老人与海》有很多象征，这里我们单挑两个典型的物象来谈。所谓象征，即用具体的事物表现出抽象的意义来。

首先，那马林鱼是桑迪亚哥所追求的对象。原本一千磅的大鱼被海明威凭空增加了五百磅，变成了身长18英尺的庞然大物。这条大马林鱼与老人在大海中僵持了三天三夜。那马林鱼在第一天下午被老人的钓钩无情地钩住，然而它拒绝浮出海面，它将桑迪亚哥拖到了远离陆地的大海深处。老桑发自内心地赞美马林鱼的美，钦佩它不屈的毅力，认为它是一个高贵的对手。桑迪亚哥不断地告诉那条大鱼，虽然老桑我爱你，但我必须杀死你。马林鱼所代表的是一个有价值意义的对手。从这个对手身上，桑迪亚哥本身最真的个性被激发出来，那就是勇气、毅力以及爱。我们无法想象面对一条或数条小鱼虾，这样的品质如何表现出来，因为找不到一个附着之处。同时，马林鱼可以被看成桑迪亚哥的另一个自我，这也就是为什么马林鱼会被桑迪亚哥界定为雄性，而且想象它也上了年纪的原因。换言之，桑迪亚哥与大马林鱼的抗争实际上是与他自己的抗争。与其说是力量的抗争，不如说是毅力、耐力的抗争，是拒绝接受被打败的抗争，是直面并克服自己因年龄而带来的力不从心。而在拒绝向大鱼屈服，拒绝向自己的身心屈服的过程中，桑迪亚哥超越了自我的弱点。

其次，是那头著名的狮子。它出现在老人的回忆中，出现在老人的梦里。这就是典型的虚写，与实际的捕鱼描写形成相互阐释的效应。话说那狮子曾在非洲的一个海滩上出现过，桑迪亚哥小时候在非洲海边捕鱼时见过。我以为那狮子象征了桑迪亚哥失去的青春与他的尊严。青春很容易理解。根据弗洛伊德的"梦的解析"，梦是现实的补偿。因为青春逝去，精力不再，于是自然在梦中补偿。而补偿的方式是以变形了的物象来表征，这个物象正好是狮子。一来曾经见过海边的狮子，二来狮子永远是勇猛不屈的象征。再说尊严，看看那狮子在海滩上闲步，正让我们联想到老人在重压之下的优雅。桑迪亚哥对狮子的情有独钟同时亦折射出他与马林鱼的关系，那就是爱它，但为了生存必须杀死它。这样说来，狮子也象征着桑迪亚哥与自然的紧密关系。小说结尾，在他战胜了庞大无比的马林鱼后（虽然只剩下了一副骨架），他又一次梦到了狮子。这预示着他青春的复兴。这也就是宗教论者读出的基督的复活。

至于其他物象，如鲨鱼、大海、桅杆之类，自己想想便可，老师不再赘述。

第六天

【关键词：马诺林】

第六节课了，估计桑迪亚哥带着马诺林又出海了，我们的学习还没有结束。终于说到小说的人物了。然而，桑迪亚哥是不必说的。通过用一张图来完整呈现老人心理变化发展的任务对他应该已经有了较为深刻的认识。而且关于人物形象之类的归纳、概括也不在我们的深度阅读之内。

那么，我们讨论一下人物的作用。我们已经关注到海明威的新闻里并没有马诺林这个人物。然则海明威何以添加了这么一个人物？

我们需要回答两个问题。

第一，如果没有马诺林，会怎么样？
第二，如果有马诺林，会怎么样？

第一个问题针对开篇和结尾有马诺林的部分，第二个问题针对中间没有马诺林的部分。

这是深度阅读的一个良好方法，就是利用假设存在与不存在来进行深度追问。

故事是以这样一种叙述方式展开的：开篇马诺林离而不弃，中间马诺林缺失，结尾马诺林回归。假如这是一个没有马诺林的故事——当然，原本的通讯里就没有马诺林，那么这会变成一个很单纯的为了生存而捕鱼的故事。而且没有马诺林，整个故事会变得愈加阴冷。桑迪亚哥的妻子去世了，他孤独一人，没有朋友，除了马诺林和他那些想象中的鱼类、飞禽朋友。正因为有马诺林，故事增添了一抹温暖的亮色。而且有马诺林的回归，老人的精神和其捕鱼的技艺得以传承，寓言从而有了永恒的价值。

再说如果中间捕鱼部分有马诺林（马诺林冲破父母的阻碍，勇敢地跟随桑迪亚哥出海，此时马诺林已经二十多岁，完全有能力做出自己的决定，虽然要付出与父母及传统的抗争之力），我们很容易就会想到，身边有一个身体结实的棒小伙,那桑迪亚哥面对的困境就会荡然无存。所以,在他与大马林鱼搏斗愈加艰难的时候,他就愈加想到马诺林——要是那孩子在旁边就好了!他愈是念叨"要是马诺林在就好了",就愈发突出他所面对的困境有多么的艰难,而这也正好凸显出老人的不屈及其看似无穷的毅力。

马诺林的作用便是如此。

第二部分:开始准备采访提纲了。你们是某大报记者,在海明威来到中国之际,你们有一个机会可以采访海明威。为了使采访更有价值,你们事先必须做好功课,列好采访提纲。这几日的深度阅读就是采访的基础,你们还需去了解一下海明威的身世以及他的好恶。我们分组进行,每组先以记者的角色进入情境,列出至少 10 个想与海明威探讨的问题,然后按照重要性排序,因为也许你没有时间问完全部问题。提出问题的原则是:

1. 围绕《老人与海》展开,不问花边八卦问题。
2. 避免可以用"是"或者"不是"回答的一般疑问句,免得把天聊死。

然后各组交换,假如你是海明威,事先拿到了记者的采访提纲,你将怎样回答记者的问题?这个工作一直持续到课后及其他各种自习或课余时间。

第七天

【关键词:采访海明威】

上课铃响起,学生走进教室,很是兴奋的样子。黑板前相对排开几把椅子,作为记者与海明威对话的平台。

你们每个组既有记者,又有海明威。谁是记者,哪些是海明威,组内自己确定。每组只有 8 分钟,所以作为记者,你的问题一定要是有价值的,能对观众有所启发的。你要从最重要、最想问的问题开始,这样不很重要的问题即使没有时间讨论也不会感到遗憾。作为记者,你们既要有职业的敏感、思维的深度，也要有职业的道德礼仪。见面的你们需要寒暄。在回答问题的过程中，你们要适时地有所回应。比如，恍然大悟似的：“哦，原来是这样！”问题不解型的："那为什么呢？"逻辑推理型的：“如果您……那么我想知道……”

于是，各路记者轮番上阵，若干海明威侃侃而谈。时间到了，大家还未尽兴，只能无奈作罢。表5-2是一份当时的学生的反馈评价表。

表5-2　采访现场观众反馈评价表　总分：① 17/ ③ 18/ ④ 16/ ⑤ 19

评价对象	第一组①	第三组③	第四组④	第五组⑤	评价者	孙樱宁
评价指标	0—5				评价分数	小组亮点
记者的表现	称呼恰当，问题明确，语气自然，态度真诚，能够引导谈话持续进行				① 4 ③ 3 ④ 4 ⑤ 5	第三组：我觉得敖翔说得特别好。很多东西都提到了。比如谈他的柔情硬汉。整体特别流畅，让我印象深刻。最后升华到时代的表现力，和时代关联起来，特别让我惊喜。 第五组：将《老人与海》与灯塔、指路牌联系起来。这种说法与现实相结合，令人深思。
海明威的表现	充满自信，回答问题有条理，有针对性，有启发				① 4 ③ 5 ④ 3 ⑤ 4	
双方互动	看着对方，有倾听，有互动				① 5 ③ 5 ④ 5 ⑤ 5	
观众收获	对某个问题的认识更加清晰，对某个问题有了新认识				① 4 ③ 5 ④ 5 ⑤ 5	

（孙樱宁为北京十一学校2021届毕业生，现就读于北京大学）

那么，那些记者问出了怎样的问题呢？且列举若干，供"海明威"先生思考。

"他知道自己变得谦卑起来，而且知道这并不丢脸，也无损于真正的尊严。"什么是"真正的尊严"？

小说中几次提到名人迪马乔，这有何意义？

在不得不杀掉大马林鱼时，老人庆幸自己不用每天去杀星星月亮。他为什么会有这样的感慨？

抽筋为什么是一种羞辱和对男子汉气概的损伤？

老人为什么不能在鲨鱼第一次袭击后割下马林鱼的肉放到船上？如果这样做，对故事有何影响？

您在故事中让老人对被自己杀死的鲨鱼说，"去梦到你杀了一个人吧"，您这样写的用意是什么？

老人最后又梦到了狮子，这是在体现什么？

故事最后，侍者和无知游客的一番对话意义何在？可否去掉呢？

您为何会有这样简洁的写作风格？这与您的个人经历有关吗？

为什么这篇小说中女性是缺失的？您想没想过加入女性角色？

有读者认为您的作品有宗教主义，老人与大鱼的经历有基督受难的影子。您如何看待这件事？

为什么要以"老人与海"为题呢？这是一个老人与大鱼的故事，又为何在题目中凸显海呢？

您秉持冰山理论的写作观念，请问：您如何保证作品不被读者曲解呢？

为什么老人的梦境里写到狮子像小猫一样嬉戏，而不是它们捕食时凶猛的样子？

有人认为希腊神话中被惩罚的西西弗斯（不断推石头而不放弃）与老人在精神方面有相似之处。您认为把桑迪亚哥类比成西西弗斯是否合适？

故事中老人从来没有梦到男孩，其中蕴含了什么意味？

在您之前，有许多语言华丽繁复、带有维多利亚遗风的作品深受读者喜爱。您如何评价这种语言风格以及您自己的以冰山理论为基础的简洁式语言风格呢？

为什么您在小说里多次写到棒球新闻明星呢？有何用意？

《老人与海》的阅读告一段落。然而我们都知道，对海明威的阅读才刚刚开始。我们期望每一本书的阅读都是深度阅读，而不仅仅是我读过。这里，我用近一万字的篇幅梳理我和同学们的课堂，这意味着教师需要在学术的层次上引领学生建立深度思维的能力。

第六章 设计核心任务

面对一个学习单元，作为教师，我们走到这里的时候，就要进入最重要的阶段：设计核心学习任务。简言之，就是你如何让学生学起来。

我们已经明确，为了"进一步提升学生综合素质，着力发展核心素养，使学生具有理想信念和社会责任感，具有科学文化素养和终身学习能力，具有自主发展能力和沟通合作能力"[①]，我们应该毫不犹豫地抛弃不加选择的灌输行为。

语文学习任务群的设计，"旨在引领高中语文教学的改革，力求改变教师大量讲解分析的教学模式"[②]。所以，作为教师，我们要坚定不移地坚持"以任务为导向，以学习项目为载体，整合学习情境、学习内容、学习方法和学习资源，引导学生在运用语言的过程中提升语文素养"[③]。

实际上，这不仅仅是教学方式的变革，更是回归学习本质的重要体现。

一、人是如何学习的

我们且引用一个流程图来说明人是怎么进入学习的（见图6-1）。[④]

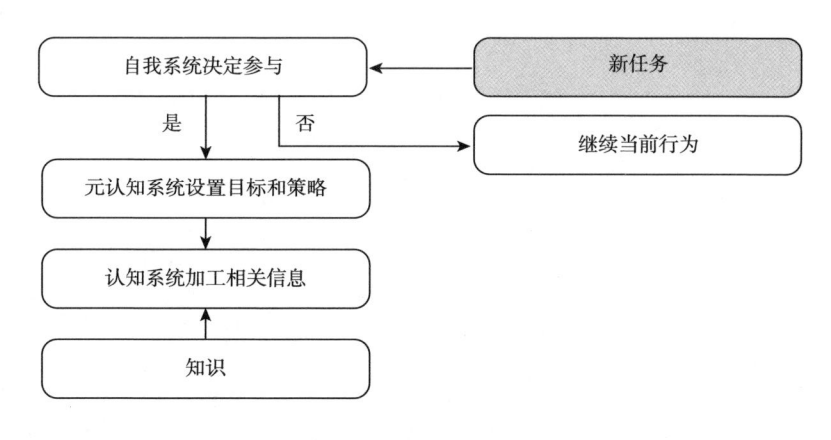

图 6-1　学习行为模型

[①②③] 中华人民共和国教育部. 普通高中语文课程标准：2017年版2020年修订 [M]. 北京：人民教育出版社，2020：3，9，8.

[④] 马扎诺，肯德尔. 教育目标新分类学：第2版 [M]. 北京：教育科学出版社，2020：12.

这个学习流程图揭示的学习心理是：当学习者面对一个新的任务时，如果他决定不介入，那么就会继续现有行为，比如，他在走神，那么就接着走神；如果决定介入，他就会开启他的自我系统，调动他的元认知系统建立达成任务的目标和策略，采取各种方式努力完成任务。

这里需要追问的是：什么样的新任务会让学习者决定介入？

实际上，这里已经排除了一种情况，就是教师不断地讲，将学生置于被动听讲的地位。在这样的情形下，我们无法确定学生的自我系统能够被启动。有教育者曾经说过这样的话：学习应该是"项目型的学习"以及带着解决问题的目标去学习，而这个目标必须是某个现实的目标，而不是一种教科书上的一厢情愿。

虽然说得有些绝对，但是对学习者来说，解决问题，完成任务，完成一个项目绝对是颇有诱惑力的。基于标准的项目式学习能让学生成为个人学习的主角，允许他们直面挑战，去解决问题，在一种自治而有组织的氛围中与同伴合作，而教师团队则给他们充当顾问，并全程进行评估。

所以，我们的目标就是在尽可能真实的情境中构建学习任务，学生则最终在完成项目中学会学习。

二、基于项目的学习

在此，我们界定一下"任务"与"项目"的含义。课标中所提到的"以任务为导向，以学习项目为载体"，其意义在于任务应该贯穿学习始终，学习项目是达成任务后形成的学习成果，这个成果一般以作品的形式呈现。但这个预设中的作品只是一个载体，是学习的一个媒介或桥梁，它的目的指向学习。比方说，我们的学习项目是构建一个角色扮演的神话世界，对教师来说，构建神话世界并让学生扮装只是一个载体，主要目的是通过达成各种任务来理解神话世界里的神话人物与其文化意义。

基于项目的学习倡导的就是在教师的指导下，学生对真实世界的主题进行深入探究，通过参与一个个活动项目的研究来解决问题，以建构他们自己的知识体系，并能将其运用到现实生活中去。芬兰的课程也提倡"基于现象的项目学习"（Phenomenon-Based Project），简称为"现象教学"，指的是让孩子们围绕一个项目主题，而不是一个知识点，展开跨学科综合学习，以解决问题而非以学习知识为导向。这个过程多是通过小组协作完成，且不一定必须在课堂上完成。

我们可以依据学生自主学习水平和需要解决的问题结构水平，将教与学的方式做一个简单分类（改编自巴罗斯有关 PBL 分类的六大代表 PBL 模型）①（见图 6-2）：

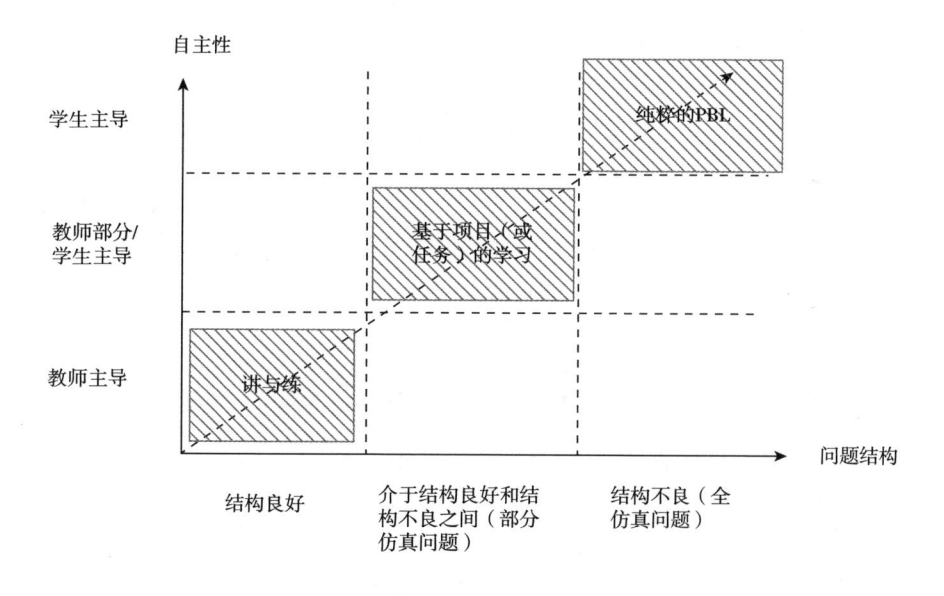

图 6-2　教与学的分类模型

第一种，即位于坐标系里左下角的阴影部分，就是比较传统的讲练式，基于讲授但会有问题解决活动以练习讲授中的教学概念。这种方式的学习过程以教师为主导，问题结构是良好的、封闭的。学生的学习主要是

---

① 高恩静，卡雷思，卡善尔. 真实问题解决和 21 世纪学习 [M]，杨向东，许瑜函，鲍梦颖，译. 湖南：湖南教育出版社，2020：83.

接受结果，不大有开放性。这种学习方式并非不能使用，关键是看学习内容的特点。比如，对学科概念就可以清晰地讲授，不用学生去探究，这样可以提升效率。

第二种，即位于坐标系里中间的阴影部分，基于项目（或任务）的学习，这便是由学生主导，教师管理学习过程的方式，解决的问题应该是部分仿真问题，介于结构良好和结构不良之间。这也是我们所倡导的教与学的方式，可以促进学生学习的自主性和深度学习，但又不完全放任给学生。

第三种，即位于坐标系里右上角的阴影部分，纯粹的PBL。教学始于解决真实的、结构不良的问题这样的需求。学习者对自己的问题解决和学习过程负有最大的责任。在解决问题的过程中，学生会面对高度的未知和不确定性的挑战。在实际的语文课堂教学中，我们不大可能采用这样的方式。不过，一个学期我们可以设计一次这样的语文活动，比如话剧展演、诗歌朗诵、课题研究等，以培养学生基于环境评价选择最可行的解决问题方案的能力。

所以，我们可以借鉴PBL和现象教学的理念与设计原则，遵循学习的基本规律，从教走向学，但没有必要完全照搬PBL的程序及要素，亦步亦趋。所以，基于标准的语文项目式学习重在设计学习任务——核心任务或者关键任务，而并不需要特别区分这是一个任务还是一个项目。从某种意义上讲，一个核心任务便是一个项目。我们可以确认的就是，一个学习单元应该以一个真实的具有整合性、现实性情境的主题来统领，以完成贯穿单元的核心任务，或者以项目为主线来设计学习活动，尽可能让学生的学习思维外显化和可视化，从而最终实现可见的学习。

三、学习任务辨析

学习任务，简要来说，就是让学生去做事。凡是不能让学生进入做事这个情境之中的，就不能称为任务导向。比方说，"鲁迅小说环境之分析思考"便不是一个良好的任务，因为对学生来说，欠缺可操作性和路径。

我们且看这样一个设计：

学习目标：

1. 阅读《梦游天姥吟留别》，理解李白梦游天姥山的实质与反思。
2. 理解李白的精神世界。

学习任务：

探究李白梦游天姥的实质及其所表达的内容。

任务说明：在天姥梦游中，李白营造了一个极其美好的仙人相聚的世界，容易让人误以为仙人相聚的世界就是李白心中的理想境界，因此本课主要探究李白游仙的目的与实质，这对理解李白的精神世界有重要意义。

学习任务完成过程：

（一）引导学生解释本诗题目。

从本诗题目看，"梦游天姥吟留别"可以这样断句：梦游天姥吟——留别。整首诗作为一首古体诗，"吟"体现其文体，"梦游天姥"是记录游仙的过程，"留别"则点出此诗的写作目的。我们可以进一步思考，这个"别"究竟是"别"什么。理解了"别"的内容，也就理解了本诗的主题。

（二）通读全诗，概括全诗三个段落的主要内容。

第一段：表达对天姥山仙境的向往。

第二段：记述梦游天姥山的全部过程。

第三段：写梦醒之后诗人的思考。

（三）梳理全诗的抒情脉络，理解天姥寻仙的实质。

（四）介绍李白的人生经历，探讨李白的心路发展历程。

（五）核心任务小结：李白在此诗中表达的人生追求。

这个设计的不足之处有如下几点：

第一，欠缺大单元的意识，没有将《梦游天姥吟留别》纳入整个学习单元去设计，仍然是单篇教学的设计理念，没有整合、对比的意识。这导致学生的思维空间比较窄小。

第二，学习目标没有维度，因而欠缺思维的层次性。此外，目标所用核心动词指向学生的内部心理，比较模糊，很难有可操作性和观测性。我们应该尽量避免使用"探究""思考""理解"这样的词语，应该表征到"理解"的具体表现。

第三，"探究李白梦游天姥的实质及其所表达的内容"很难成为一个让学生感兴趣的任务，当然更不是一个项目，它缺乏项目所要求的可操作性。"探究"是一个较为抽象的动词，学习者可能不知道如何探究。另外，"探究李白梦游天姥的实质及其所表达的内容"也是一个研究的过程，并不指向结果。换言之，学习者不知道最后呈现的结果是什么。如果没有一个表现性的结果，我们就很难评估学生的学习，而不能评估的学习一定是较为低效的学习。

第四，关于学习任务完成过程的设计，从引导学生解释诗题，到梳理情感脉络、介绍人生经历，直至最后的任务小结，完全是教师在控制课堂的节奏，学生不需要去做自我学习规划，只要完成老师的问题便可。此外，学生对自己的回答可以不负责任。

第五，任务完成的几个过程基本都停留在低阶的思维层级上，即归纳、概括等。而低阶的思维任务很难具有挑战性，难以引发学生的学习兴趣。如果没有教师课堂上的操控，我们很难想象学生会主动进入学习。

这样的设计虽然在词语的选择上用了"学习任务"，但本质上还是以"教"为中心的理念进行教学设计，教师设定好教学流程，然后按部就班地完成教学计划。一句流传颇广的名言说："如果我们还像当年我们被教授的那样去教学的话，那么我们就掠夺了我们的儿童的未来。"

四、学习任务设计的原则

所以，我们必须转变观念，始终以学习者的视角来设计核心任务。每次设计任务时，都要追问：我要学生做一件什么事以便达成学习目标，而且这件事学生还乐意去做？

首先，我们应该建立项目的意识。有时候从项目的视角思考和行动更容易让我们成为一个学习的设计者。

假如我们在九年级初次阅读《论语》，那么如何以项目的形式展开呢？

初中学生初次通读《论语》整本书，篇幅较大，字词较难，总体阅读难度大。又因为《论语》本身分章错落，逻辑条理较为模糊，阅读起来无法形成逻辑的链条，常常会瞻后忘前。于是，我们依据初中的学业要求，确立以下学习目标：

1. 能够基于一个标准对《论语》的相关内容进行分类归并。
2. 能够说出《论语》中体现的孔子的主要思想并阐述其逻辑架构。

《论语》并不是阅读一次就能了事的，它是中国儒家文化的集中体现。在初中阅读，达成以上浅易目标即可，到高中可以进一步深度研读。基于这样两个目标，我们设计了这样一个真实的学习任务来推动学生对《论语》的初次阅读。

学习任务：为初二的学弟学妹编辑一本独特的《论语》读本。

任务解说：5月11日是孔子的祭日，每年的这一天韩国首尔都会举行盛大的祭孔仪式以表明对传统文化的继承。作为中国人，我们更有重任对以孔子为代表的儒家传统文化加以继承并弘扬。继承的最佳方式就是阅读《论语》，理解其精髓。但《论语》的体裁是语录体，内容比较随机而杂乱，不利于初中生阅读。请你确定一个体例，重新选取适合初二学生的材料并做出恰当的、必要的注释和解读，分组编辑一本独特的《论语》读本，最终由初二学生选择并"出版"。

我们可以明确地知道，要做这件事的一定是学生，而不是教师。教师也不太可能占据讲台，向学生讲解《论语》的各个章节。因为每一组学生的分类角度不一样，于是他们选择的《论语》章节也一定不一样。教师所做的工作，除了拟定学习目标以及学习任务外，就是向学生提供学习支架以及评估的各种量规。比如，《论语》素本、参考资料、编辑体例、主题分类建议、时间节点以及最后的成书评估等。在这一过程中，学生自发组成阅读编辑小组，经过初步阅读确定主题分类，并且做好海报，课下去初二年级进行宣传、讲解，以便自己组编订的《论语》读本能够被初二的学生选中。

这一系列学习行为均是可见的，而且与学生的经验、与现实是相关联的，所以这是一个基于真实情境的核心任务。

在这里，我们再一次重温课标所倡导的理念：学生的语文素养是在真实的语言运用情境中获得的。当然，我们绝不能将"真实情境"狭隘化，以为只有做一个现实的活动才是真实的。李维斯等人（Reeves et al., 2002）列举了真实性任务的 10 个具体特征[①]：

（1）与真实生活相连；
（2）包括像真实生活一样复杂的不明确问题；
（3）为了完成任务学生有机会将多学科领域联系起来；
（4）包含了在一段时间内学生追求的复杂目标；

[①] 高恩静，卡雷恩，卡普尔.真实问题解决和 21 世纪学习[M].杨向东，许瑜函，鲍孟颖，译.长沙：湖南教育出版社，2020：22.

（5）学生有机会用不同资源、不同观点对问题进行界定；

（6）提供了课堂和现实生活中都必须要有的合作机会；

（7）提供自我表达的机会；

（8）在过程结束时允许出现不同的结果；

（9）包括过程和结果两方面评价；

（10）允许多元解释和结果。

简略地说，"真实情境"可以是现实中学生需要解决的一个问题情境，也可以是别人正在做、学生可以模拟体验的情境，当然还可以是学生未来可能遇到的问题情境。一言以蔽之，真实情境是学生正在身处或者应该身处的问题情境。这样的真实情境，可以是活动，当然也可以是学术研究。

综上，虽然不是每一个单元都要设计成一个项目，但我们应该用项目的意识去审视每一个学习单元。

其次，应从高阶思维的层面去设计核心任务，因为思维的天花板决定了学生的能力施展空间。如果你设计的任务只是一个找不同（当然，不是说不能设计这样的学习任务，而是说它不能是一个核心任务），那么学生的思维就只能停留在寻找信息并辨别信息上。我们的目标应该是，在发展学生批判性、创造性思维的同时，顺便训练学生获取信息的能力。或者说，学生在达成高阶思维训练过程中必须经历低阶思维的过程。简言之，如果你让学生建构一个房屋模型，他肯定顺便就了解了窗户和门的功能。而如果你仅仅让他做个窗户，那么他就只了解了窗户。

我们可以用图 6-3 来说明思维的层级以及设计任务的驱动性。

由下图可以看出，任务的复杂度决定了思维的层级性，任务愈复杂，所需思维的层级就愈高，而其挑战性就愈强。而学生未来所面对的工作需要个体适应高技术的工作环境，能够解决具有不良结构的真实情境中的问题，并且在很大程度上是以团队方式开展创新型工作。那么，我们就有必要在学校让学生逐步形成解决复杂问题的意识和能力，能够持续并终身学习。

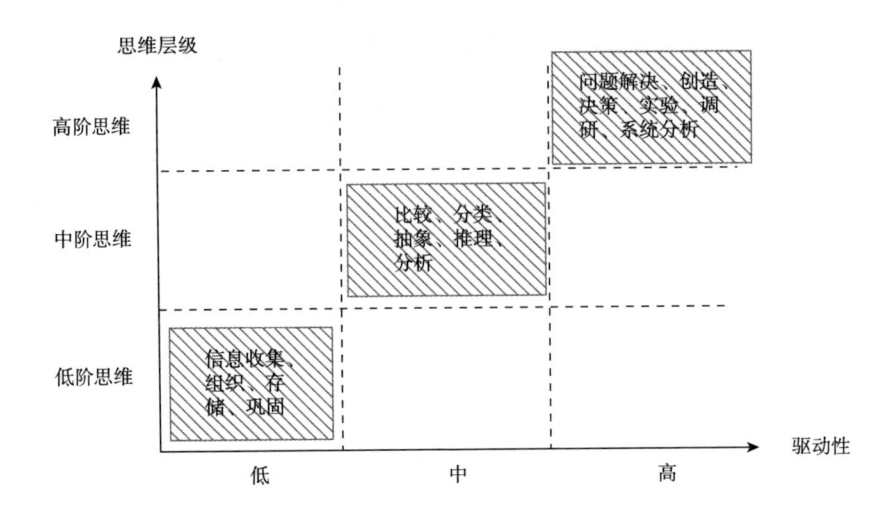

图 6-3 思维的层级与驱动性

所以,在设计核心任务的时候,我们就应该最大限度地在高阶思维层级进行,因为高阶思维能够带动低阶思维,解决低阶思维所面对的诸如获取信息、概括信息等封闭性问题。而且,越是高年级学生,就越喜欢有挑战性的任务。而面向低阶思维的任务,其复杂度与驱动性也相应较低。

我们要努力从高阶思维层级去设计具有挑战性的核心任务,以启动学生的自我系统并激发学生的创造力。不然的话,学生总是在记忆、获取信息、归纳信息等低阶思维上不断重复,其创造力与批判性思维发展就堪忧。

比如,阅读《西游记》这本神魔小说,我们就不能简单地从概括主要故事情节与人物性格分析来设计核心任务。如果我们的目标是了解主要人物形象的话,那么我们就可以从创作入手,设计核心任务。例如:

> 明末清初的小说家董说曾经写过一本《西游补》,在"孙悟空三借芭蕉扇"之后插入了一段孙悟空在幻境的见闻及行事,借此表达了自己的思想。如果请你在《西游记》第三十五回和第三十六回之间插入一回,会是怎样的一段故事?要求:
>
> • 人物性格不得改变。

- 主要人物唐僧、猪八戒、沙和尚均需出现。
- 重新创造一座山、一个主要妖怪以及它所使用的兵器。
- 尽量模仿《西游记》的语言风格。
- 需要有一段"有诗为证"。
- 有一定的寓意。

这是一个富有挑战性的核心任务，需要学生的创造，涉及系统分析的高阶思维。同时这又是一个具有驱动性的任务，能够激发学生的兴趣，引起学生创作的欲望。在完成这个任务的过程中，学生需要全面阅读《西游记》，基本把握主要人物如孙悟空、唐僧、猪八戒等的性格特征，且需要细细品味《西游记》的语言风格及其用语，这样才能去模仿。

所以，这个核心任务是完全可以驱动学生去完成传统的小说阅读任务的，即传统的文本细读是为完成核心任务做铺垫的。所以我们没必要担心原先在教师指导下进行的人物分析会削弱，只是现在这样的分析由学生主动去进行，而且他们也明白这样做的目的。

五、子任务的设计

当然，我们并不是仅仅设计一个核心任务就可以了。为了让学生高质量地完成这个核心任务，我们需要设置一系列子任务为学生搭好前进的阶梯。换言之，我们有必要对核心任务进行分解。

比如，有一个这样的项目：

我们的一本书 —— 关于春节。

学习目的：

1. 能够根据确定的选题筛选材料、整合材料。
2. 能够积累与春节相关的传统文化素材。

核心任务是：

每个合作小组根据自己确定的选题编辑一本书。

但在这个核心任务下，教师可能至少可以设置以下四个子任务：

1. 检索并筛选与春节相关的资源，完成文献综述。
2. 确定选题方向并说明选题的价值。
3. 重新筛选并确定资源进行改写、重构。
4. 按照书籍体例做成书。

下面是另外一个核心任务的分解：

核心任务：在狂欢节中，将年级的每一位老师装扮成你心目中的侠义人物。

学习资源：侠义文学的相关篇目。

分解后的子任务如下：
1. 用准确的词语概括 5 位侠客的个性特征。
2. 指出 5 位侠客的共同点和不同点。
3. 确定一位你想装扮的人物，并预备一位候选者以及最不想装扮的人物，并说明理由。
4. 写一封信来说服老师同意装扮你心目中的侠义人物。
5. 写一段人物出场的造型描述。

剩下的工作便交给学生。作为教师，你还能怎样面对所有学生进行统一的课文讲解呢？有时候，课堂变化会倒逼教师进行教学理念的变化。

列位看官，说到此处，也许会有人问道：是否每一个学习单元都必须设计出一个核心任务以贯穿学习始终呢？

答曰：最理想的就是有一个核心任务能够统率整个学习单元。然而，具体到每一个学习单元，我们往往并不能够寻找到这样一个合适的核心任务，有时候需要灵感。从这个意义上来说，教师备课工作的创造性即在此，不像过去只是去深入解读文本。

文本解读有深有浅，而核心学习任务的设计则需要创作灵感。所以，教师备课的思维强度增加了许多。假如真的想不出来一个良好的核心任务，那么我们就可退而求其次，设计几个有逻辑关联的关键任务。

所以，我们就会看到，有老师在一个学习主题下设计了几个任务。我称之为关键任务，以突出设计时必须精心对待。

例如，我们在设计整本书阅读《老人与海》时，就可以设计以下关键任务：

1. 请为《老人与海》按时间分出章节，并用章回题目的格式概括各个章节的主要情节。

2. 请梳理《老人与海》全书中老人与捕鱼相关的内心变化状况，包括每个情感转折点的具体情节与心理转折原因，并借此画出一张心理波折图。

3. 老人独自在海上时经常念叨："但愿那男孩在这儿就好了。"可知他有许多话要对男孩说。假如他可以在大海之上给男孩写信，请你在之前的关键任务基础上，结合老人在大海之上的所见、所想、所言、所思，以在出海的老人的口吻，为男孩写两封信。

4. 参考附录中的诺贝尔文学奖颁奖词及《老人与海》的原型故事，分析海明威这部小说的象征元素、创作意图以及主旨，写成一篇读书札记。

5.运用《老人与海》中的一些元素（大海、鱼、其他动物……），以中国渔民老桑的视角，改写一段桑迪亚哥的故事。

六、任务的可选择性

实际上，如果教师能够设计足够多的任务，而这些任务又有难易之分或者思维层级的深浅之分，学生就可以选择其中若干完成。这也能增加一定的趣味性。每一个任务都应指向学习目标，不过是因为学生的水平层次不同，于是完成的任务也可以相应地不同。

例如，我们可以设计一个任务九宫格（见图6-4）：

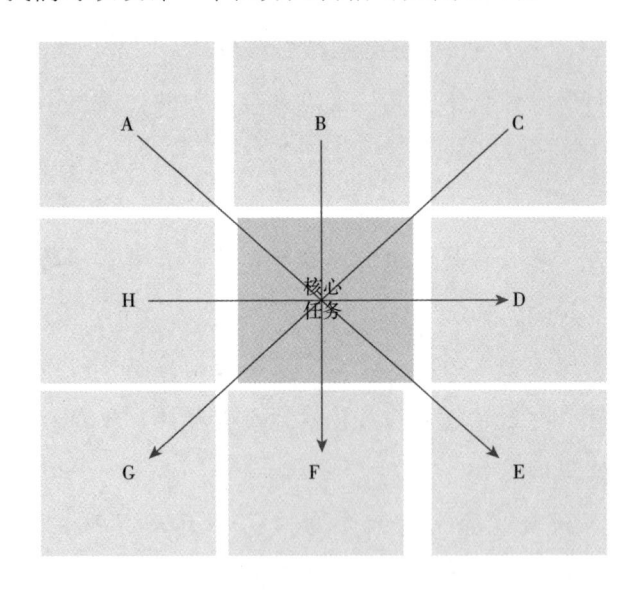

图6-4 学习任务九宫格1

除了核心任务外，教师再设计A、B、C、D、E、F、G、H八个任务，与核心任务一起构成一个任务九宫格。教师希望每一个学生都必须完成居于中心的核心任务，但并不需要他们完成其他全部八个任务。于是，就可以让学生经过中心画一条线，穿过直线的就是学生自己选择的任务。

这样就有 A→E、B→F、C→G、H→D 四种选择，但无论哪种选择，学生均需完成核心任务。

我觉得，这会极大增强学生学习的积极性。学生选择路线的过程，本身就是在学习，即使他没有选择其他路线，被放弃的路线也是他们经过考虑后的选择。而且，教师还可以设计各条路线选择背后有心理评估意义的小游戏，让学生在学习时充满期待和探秘感。当然，这更加需要教师的智慧，因为教师需要设计出更多学习任务。另外，各个任务之间还要保持一定的平衡关系，以保证学生无论选择哪条路线，都能达成最低目标。

假如要降低设计的难度，也可以让周边中间的格子空出来，设计四个子任务，如图 6-5 所示：

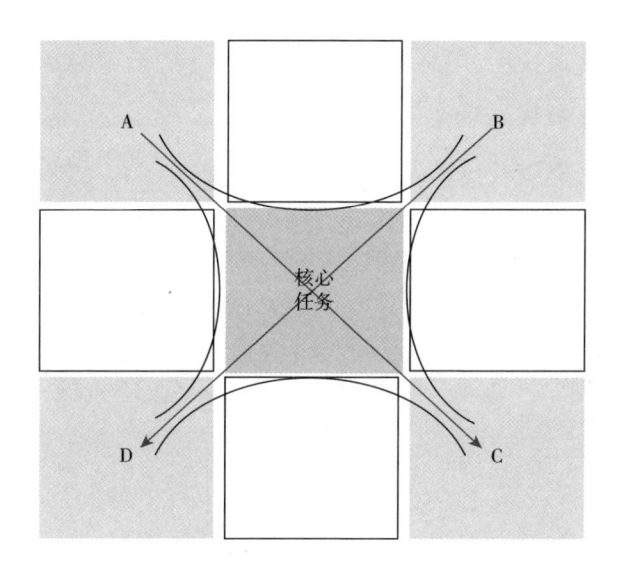

图 6-5　学习任务九宫格 2

经过中心的核心任务画线（可以是曲线），再任意选择两个任务，这样就有六种选择。

实际上，任务可选性的主要功能就是增加任务的驱动性，让学生在选择中体会学习的快乐。

下面是一个案例（高中语文选择性必修上）：

外国作家作品研习

核心任务：为了迎接世界读书日的到来，我们要在学校图书馆一处设立"世界文学人物长廊"，请你：

①以小说人物灵魂的高贵度进行降序排列，拟定自己心目中"最震撼人心的人物成长·蜕变·救赎轨迹"排行榜，并写出排行理由。

②从排行榜中选择一位与你有心灵共鸣的人物，为他（她）撰写解说词。

任务九宫格：选择三个任务进行挑战（当你完成选择和挑战时，会有神秘心理测试结果等着你，帮助你更好地认识自己）。

规则要求：

1. 所选挑战线路需连成一条直线。
2. 所有线路必须穿过中心挑战任务。

任务1：解密人物关系	任务2：画出人物成长·蜕变·救赎轨迹	任务3：为成长·蜕变·救赎的人写一首诗
任务8：撰写求生日记	为"世界文学人物长廊"撰写解说词	任务4：为一本书写推荐语
任务7：设计人物内心独白脚本	任务6：给最震撼我心灵的人物写一封信	任务5：撰写人物精神成长与命运关系主题采访提纲

图6-6 一个具体的学习任务九宫格

（本九宫格任务取材于北京十一学校于丽萍老师的设计）

选择路线的心理测试结果（本结果仅供娱乐，不保证科学性）：

挑战线路 1（由任务 1 开始）：你是一个非常有综合思维能力的人，逻辑思维很强。你擅长沟通，热爱交流，有很多朋友愿意与你一起探索神奇的世界。

挑战线路 2（由任务 2 开始）：你乐观开朗，有你的地方就有和煦之风与暖阳。你关注生活，关注社会，乐于和朋友分享你的发现与热爱的事物，你所具有的大胆的冒险精神深受大家喜爱。

挑战线路 3（由任务 3 开始）：你身上独特的文艺气质让你十分具有吸引力，对艺术的追求让你散发出高雅气息，你的每一个艺术细胞都在闪光哦。

挑战线路 4（由任务 4 开始）：你有过人的想象力，你的审美鉴赏能力非同寻常。你的内心世界缤纷绚烂，散发着激荡人心的动人魅力。

综上所述，我们在设计核心任务或者关键任务时，要考虑以下六点：
第一，这个任务能够承载学习目标，学生应该做。
第二，这个任务应该是一件需要学生去做的事情，应该有表现性成果，学生能做。
第三，这个任务应该具有挑战性，从高阶思维层级入手去设计，学生想做。
第四，这个任务应该具有驱动性，贴近学生的最近发展区，学生爱做。
第五，这个任务应该具有可操作性，避免抽象的内部思维，学生能做。
第六，任务可以具有选择性。当然，这是最理想的状态，需要教师更多的智慧。

如图 6-7 所示，在设计任务时，能够关注到学习任务的六个侧面，那么这个任务就可能是有趣且有效的。

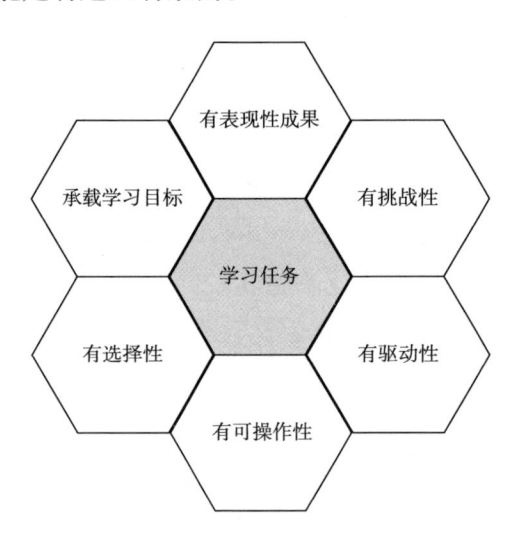

图 6-7　学习任务的六个侧面

（六边形图示：中心"学习任务"，周围六个侧面分别为"有表现性成果""有挑战性""有驱动性""有可操作性""有选择性""承载学习目标"）

【案例叙事之六：讲道理不止一种方式】

如果我们将以下五篇文字组合成一个新的单元，那么会有怎样的组合方式呢？

荀子《劝学》、韩愈《师说》（以上两篇见于《高中语文必修上》）、孟子《寡人之于国也》、魏征《谏太宗十思疏》（见于《高中语文必修下》）、《种树郭橐驼传》（见于《高中语文选择性必修下》）

教材提供的主题组合有：学习之道、责任与担当等。当然，这也是很好的组合方式，通过研读、思考，学生深入理解学习的意义；倾听跨越古今的理性的声音，感受源远流长的责任担当精神。这些组合的核心任务就可能统一为理解作品的思想意义。

实际上，我们还可以有其他的组合方式，学习重点放在培养学生的理性思维上。看看古人是怎样思维的，他们的理性思维和表达有哪些还值得后世借鉴。

于是，我们的核心话题就是：

讲道理的方式不止一种。

且看学习目标：

1. 能够熟练背诵《劝学》《谏太宗十思疏》《师说》《种树郭橐驼传》，掌握若干关键文言词语并画出文章的主要观点。
2. 能够运用思维导图或表格等方式分析文章讲道理的主要方式。
3. 能够基于写作意图辨别各种方式在讲道理中达成的效果。
4. 能够模仿其中的一篇的写法确定写作对象讲清楚一个道理。

这四条目标依次按照韦伯的知识深度层级来叙写。第 1 条指向回忆与再现，第 2 条指向技能与概念，第 3 条指向问题解决与应用，第 4 条指向思维迁移与创造。

基于核心话题，可以设置这样的核心问题：

存在一种最佳的讲道理的方式吗？

这个问题是一个开放的问题。即使学习者第一反应就是根本不存在一种讲道理的方式是最佳的，但也足以提示他在学习中可以通过比较得出结论，而不是轻易主观臆断。

既然高阶目标是思维的迁移与创造，那么，核心任务当然就是创作了。

核心任务：确定一个写作对象，模仿学习材料中的一篇的写法，努力讲清楚一个道理。

为了成功地完成这个核心任务，教师必须设置一系列子任务以便学生逐步进阶。

因为毕竟文本是文言，所以第一步就需要学生自我疏通文字并且能够梳理建构自己的文言语料库。

我们且略过初读疏通文言的一步（其实这一步就是印发给学生一个可供解词并批注的课文版本，学生自我完成，有疑难的词语或者句子在讨论区提出），进入文言语料的建构。

子任务一：按照要求制作一份文言语汇进阶表。

表格填写说明：

1. 词语选择范围以给定的加点词语为主。

2. 进阶表内容包括词语、例句、对应词语解释、与现代汉语或成语关联。

下面的表 6-1 是一个学生的作业的一部分，所有词汇是学生根据自己的词汇积累经验而筛选的。每一个学生的词汇积累都有差别，因为他们的知识基础不一致。所以，任务要求虽然一样，但完成的内容并不相同。

表 6-1　文言语汇 20 个进阶表（部分）

篇目	词语	文中语句	词语解释	语句翻译	与现代汉语的关联
魏征《谏太宗十思疏》	1.休	永保无疆之休	喜庆，福禄	永保永无止境的美善福禄	多用作停止、歇息之意，但有"休戚与共"
	2.克	能克终者盖寡	能够	而能够坚持到底的却很少	仍有"能"之意，如"克勤克俭"

（续表）

篇目	词语	文中语句	词语解释	语句翻译	与现代汉语的关联
魏征《谏太宗十思疏》	3.董	虽董之以严刑	督责	虽然可以用严刑来监督他们	仍有监督管理之意，如"董事"
	4.牧	则思谦冲而自牧	养，约束	就想到要谦虚并加强自我约束	如今仅有放养牲口之意

语言的积累与建构这一任务达成之后，便要进入第二步，即掌握作者的观点以及作者是如何阐述观点的。读者诸君须知，每一个子任务实际上都是为了完成核心任务而做的种种铺垫。分析文章作者的观点与其表达方式不是目的，目的是要掌握古人是如何讲道理的以便运用到自己的文章中去。

子任务二：用一张图表呈现对各篇说理文的观点及说理方法的分析。

我们且看一个学生的分析作业（见表6-2）：

表6-2 说理文的观点及说理方法的分析图表

篇目	本文观点	说理方法
孟子《寡人之于国也》	只有实行仁政，在物质上满足百姓，在精神上教化百姓，才能真正地壮大自己的国家。	首先用比喻说理的方法点出梁惠王治理国家本质上与其他国君大同小异，都没能实行仁政。其次提出要通过合理安排生产在物质上满足百姓，此乃王道之始；在此基础上进一步提出要教化百姓，这时王道就已经完全确立了。最后用归谬的方法点出君一定要心怀百姓，不能把百姓的苦难都归咎到外因上，要自我反思、实行仁政才行。

（续表）

篇目	本文观点	说理方法
荀子《劝学》	只有坚持不懈学习，才能成为一名君子。	首先通过比喻说理的方法说明了坚持学习的意义在于明达自己的智慧，减少行为的过失。其次通过类比的方法说明坚持学习可以使人善于借助外物的力量达成目的。最后举了一些实例来类比说明只有坚持学习、积少成多，才能有所成就，半途而废是没有任何结果的。
魏征《谏太宗十思疏》	国君只有做到有道德仁义、居安思危、戒奢以俭，国家才能长久安稳地发展下去。	首先用比喻的方法从正反两方面提出国君要有道德仁义、居安思危、戒奢以俭的观点。其次提出国君鲜有能克终的历史规律，通过阐释背后的原理来劝诫国君要竭诚待下，心怀仁义，不可骄傲自大。最后提出十条具体的方法，希望国君采纳。
韩愈《师说》	老师是没有贵贱长幼之分的，只要别人的知识比自己渊博，能够解答自己的困惑，就应向别人请教。	首先提出老师的根本作用就是答疑解惑，只要满足了这个条件就可以成为老师。其次通过与古代圣人的对比和举出如今众人耻于下问的例子，提出了应该不耻下问，以免因小失大的观点。最后以孔子为例，说明了圣人无常师、人人可为师的道理，再次论证了自己的观点。
柳宗元《种树郭橐驼传》	官吏不应过度扰民，治理百姓应顺应他们的天性。	首先通过讲述郭橐驼种树的故事，揭示了种树要顺应树的天性，让它们能自然生长，不应过度干预的道理。其次由种树类比治理百姓，提出不应过度扰民，应顺应百姓天性的观点。

学生做成如此样子，教师真的不用担心自己不讲学生就不会明白。给他们一个舞台，他们会回报你一个惊喜。

任务进行到这一步，实际上还并没有建立文章中间的关联。也就是学生尚未对自己最终喜欢哪种说理方式做出判断。而判断则需要比较。所以，接下来的任务就是：

子任务三：写一篇短文。至少选取两篇文字进行对比，分析其写作对象及意图、文风，从而评价他们各自的达成效果以及你的喜欢程度。

闲言休叙，且看学生的对比分析：

《寡人之于国也》与《谏太宗十思疏》对比

《寡人之于国也》和《谏太宗十思疏》这两篇说理文都是以劝谏国君为目的，观点上也同样都是希望国君能够实行仁政。稍有不同的是，《寡人之于国也》这篇文章的背景在战国时期，当时战乱频发，民不聊生，所以文章花了更多的笔墨来说明国君应如何养民教民，并通过仁政来确立王道，扩大自己的统治。而《谏太宗十思疏》这篇文章的背景是处于大一统状态下的唐朝，当时国家正在稳定地发展，所以重点便在于国君本身是否能够心怀百姓，领导国家走向更好的未来，于是这篇文章的说理便更偏向于从国君本身入手而非人民。在我看来，这种差异很大程度上来自当时社会安定程度的不同，侧重点也就有所不同。

毫无疑问的是，这两篇说理文都很好地说明了想要说明的道理，达到了劝谏的目的。《谏太宗十思疏》的说理明显是忠心的臣下对君主苦口婆心又不失直白的劝谏，比起《寡人之于国也》来明显直白了不少。上来直接用比喻说明了想要传达的道理，然后就直截了当地提出了"有善始者实繁，能克终者盖寡"的道理来警醒国君，最后干脆直接提出了针对国君的十条要求希望国君能够采纳。在遇到一位能够虚心纳谏的君主时，这样的说理方式肯定是十分有效的，既表明了作为臣子对国君的忠心与对国家的关心，又能很好地达到警醒国君的效果。

《寡人之于国也》的说理则更像是师长在进行循循善诱的教导，先是用"五十步笑百步"的类比让梁惠王明白他自以为的用心与其他国君并无本质上的区别；再一步一步地通过举例的方式让其明白养民教民的重要性，从而达到说理的目的。这种方式让人能够一直跟着作者的思路思考下去，然后自然而然地发现其中的道理，无疑是一种十分高明的说理方式。既不会令人感到冒犯，又潜移默化地完成了说理，也正因此使得我更偏爱这篇文章。

总体而言，这两篇都是说理文中的佼佼者，都有许多值得我们学习的地方。

这个学生虽颇有折中之意，但我们推测他已经确定了自己将要采用的说理方式。

终于，学生要从古人的议论中走出来，走到现实，借助了古人的思维智慧为自己解决现实问题寻找到了恰切的说理方式。

学生们各显神通，有模仿《种树郭橐驼传》写了一个现代寓言的，有模仿《劝学》使用了大量的比喻的，不一而足。总之，他们至少明白了讲道理真的有不止一种方式。

当然，在写作之前，教师应适时提供核心任务的写作量规，让学生及时阅读参考，以写出高质量的文章来。（见表6-3）

表6-3 核心任务写作量规

维度等级	优秀	合格	不合格
模仿度	结构以及说理方式高度相仿	说理方式相仿	看不出像哪篇文章，没有借鉴
主题	表述论点的语句明确且完整	论点基本明确	看不出要表达什么观点
结构	结构严谨，层次分明	结构基本完整，条理基本清楚	条理混乱

最后，呈现一篇学生的作品，看看究竟哪一篇给予他写作上的启示。

致母亲：如何合理地给姥爷辟谣

还记得前几年姥爷刚刚学会用手机的时候，家里经历了很长时间的"保健品风波"。姥爷看到了一个假的保健品广告，并且非常相信他们推出的"优惠套餐"。他甚至还在家里人都反对的情况下，义无反顾地搞"地下活动"——偷偷地联系了那个传播虚假信息、骗人钱财的人。不过，好在最后一切终于平息了。但是，在这一次比较大的事故之后，许多虚假信息还是让姥爷"乐此不疲"地信服着。为什么给他辟谣会如此艰难？

很多时候，我们会将给他辟谣很难的原因归结为他对于信息时代的无知。他不怎么懂得科学，也不了解现在传谣的各种路数。在现实中，他年长于您，懂得可能更多，但是在"网龄"上，他才不过是孩提之童。这一理由固然可以解释为什么一开始他会去相信谣言，但是，对于他为什么在被反复告知谣言的虚假之后还会选择相信呢？这就说明在他看来，此时"陌生人"的可信度是高于"子女"的了。而"陌生人"的可信度又是如何达到这样的高度了呢？

像许许多多与您同样岁数的人一样，您还在工作，也有着许多同事、朋友，还有着一个三口之家，能够分给姥姥、姥爷的时间本来就很少。因此，您并不能去时常照顾他，去关心他过得好不好。相反，那些编辑虚假信息骗人，并以此为生的人，有着很多的时间和精力去关心他，浸入他生活的方方面面。网络和电子设备没有感情，但是它们却能够呈现出最温暖的虚假；大家虽然是真的在为他即将受骗而着急了，但是它们却不能及那长时间潜移默化地产生的对那小小一张显示屏的信任。正如"白沙在涅，与之俱黑"，又怎能要求姥爷做到出淤泥而不染？

故而，如果发现姥爷更愿意相信谣言，那么在阻止他深陷其中之时，应当反思自己如何才能获得他的信任。在谣言告诉他吃什么可以益寿延年的时候，您应当代替它去送上一些靠谱的保健品或一点吃食、几包茶叶也好，告诉他自己的挂念和关心；在谣言告诉他某种食物可以代替医院药物治疗的时候，您应当想下一次去医院检查、买药的时候陪他一起，而不要让他自行前往面对他所不大了解的现代医学；在谣言告诉他按哪个穴位可以治疗腰腿不便的时候，您可以在每次他出门"远行"的时候，做他的"专职司机"或叫一个车送他更舒适方便地去，而不要让他为了便宜而乘上十几站地的公交，又倒上好几次车前往；在无数谣言细声劝告他的时候，您可以时不时给他通一个电话，问候他是否安好，而不是在看到他轻信虚假信息之后一味责备。

　　综上，要想合理地为姥爷辟谣、为亲人辟谣，重在获得他们的相信。陪伴便是最长情的告白，切莫让虚假的信息占去了陪伴的位置，失去了真实的人情。

（孙亮亮）

第七章

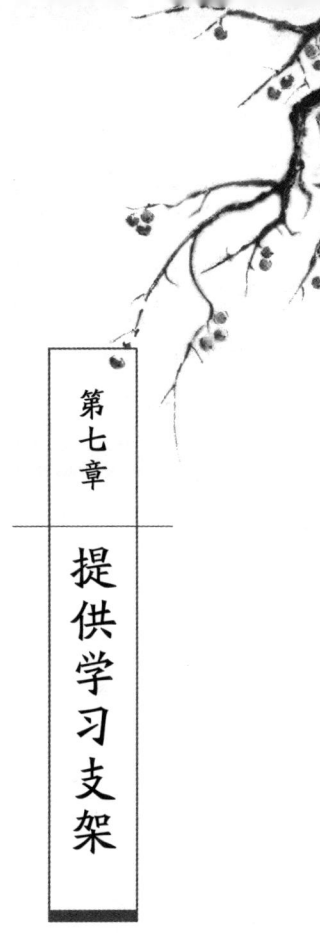

提供学习支架

一、什么是学习支架

什么是学习支架（Scaffolding）？

我们可以从一个孩子怎么学会骑自行车说起。

对一个孩子来说，学会骑自行车是摆在他面前的一个具有驱动性的核心任务。一个孩子要学会骑自行车，除了自己的强烈愿望（自我系统启动）外，同时还需要辅助，不然的话，他可能会放弃。

这些辅助大约有：

——辅助轮。你会看到很多儿童自行车后轮都有两个辅助轮，其作用就是起支撑辅助。

——父亲扶着且不断说。此时已去掉辅助轮，但需要及时指导。

——父亲在不远处说："看前方！"此时孩子已基本掌握技巧，需要偶尔提示一下要领。

——父亲在远处说："真棒！"此时孩子已游刃有余，但尚心存顾忌，需要及时鼓励。

这些物质与精神的支持行为，我们可以称为学习支架。由上观之，学习支架可以包括但不限于：

——额外的辅助和支持（即辅助轮）。

——强有力的指导和说明（即父亲不断地指导）。

——小提示（即偶尔提示一下要领）。

——支持和鼓励。

所以，学习支架是提供给学生的某种支持，或者是必要的结构，以便学生掌握知识或成功地达成任务。

当我们的教学开始走向学习的时候，当我们以核心任务来驱动的时候，你会发现学习支架从未有如此的重要。就如同一个游泳教练在课堂上喋喋不休地讲解游泳要领，却从没有发现学生需要一个浮力板。学习也是这样，当我们站在讲台上面对学生不断进行讲解的时候，我们知道学生是安全的、舒适的，他们只需要听讲并记住即可。然而，一旦将他们扔到水里，你会发现他们需要一个浮力板或者提示、鼓励，否则他们就可能放弃。这并不意味着他们听讲的时候没有放弃，只是我们没有发现他们在学习过程中会存在怎样的问题。

二、学习支架的恰切性

那么，我们究竟该如何提供学习支架？这个问题背后的含义是，作为设计者我们并不是漫无目的地提供学习支架，而应该基于学生的实际需要恰当地提供合适的学习支架。

要做好这个工作，我们就应该对学生面对一个学习任务时的实际状况，即学情，有所了解。如图 7-1 所示：

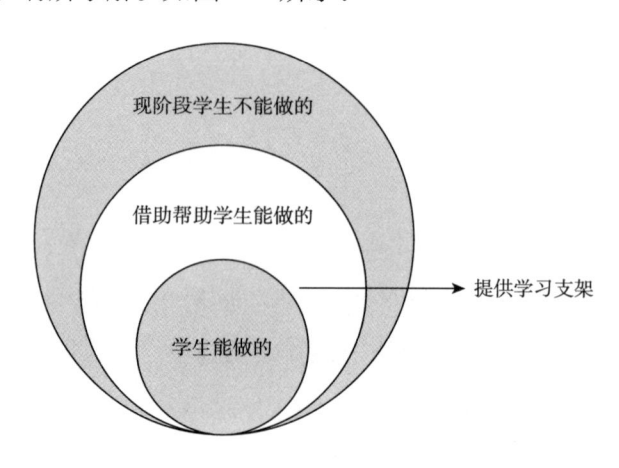

图 7-1　学情分析模型

学生已经知道的，基于学生已有的经验就可以完成的，便不需要学习支架。

超越学生的认知水平，只是作为可以参考的拓展资源，无须学生掌握的也不需要学习支架。

真正需要提供学习支架的，是学生借助它能够做的，也是教师希望其达成的目标。我们要从学生能做的开始，帮助他们快速达到成功。

一般情形下，学习支架可以分为以下几种情况：

一种是功能性的，即帮助学生更好地理解如何进入学习，比如任务说明书、学习指南等。所以，在学生真正进入学习单元前，教师提供一份友好的学习任务指南是非常必要的。

另外一种是过程性的，即帮助学生弄明白他的学习路径，比如完成学习任务的顺序等。例如，在完成给曹操写一篇祭文的核心任务中，教师就可以提供一个达成任务的较佳路径：先去阅读墓志铭（祭文）或者悼词的一般写法以及主要内容，然后据此再去研读曹操的传记与诗文。当然，如果学生不按照这个程序进入任务，也是完全可以的。正如通向罗马的道路不止一条。不过总有一条是较佳路线。教师有责任向学生说明存在怎样的较佳路径。

再有就是关于内容的支架，即帮助学生更好地把握文章内涵，理解文本信息等。

三、学习支架的种类

什么可以成为学习支架呢？实际上，根据以上所述，凡是能够在恰当的时候有针对性地帮助学生学习的均可以成为学习支架。所以，教师大可开动脑筋，开发各种学习小工具。例如：

- 一个表格：学生借此整理信息。（如表 7-1）

表 7-1 《乡土中国》"教学重点"

《乡土中国》"教学重点"	
指称乡土社会的概念	指称其他社会的对应概念
礼俗社会	
	借助文字的社会
差序格局	
系维着私人的道德	
	家庭
男女有别	
	法治秩序
	司法诉讼体系
	有为政治
血缘社会	

• 一个时间进度图：学生借此规划自己的学习进度。（如图 7-2 所示）当然，学生可以借此样子开动脑筋，设计自己的时间进度表。

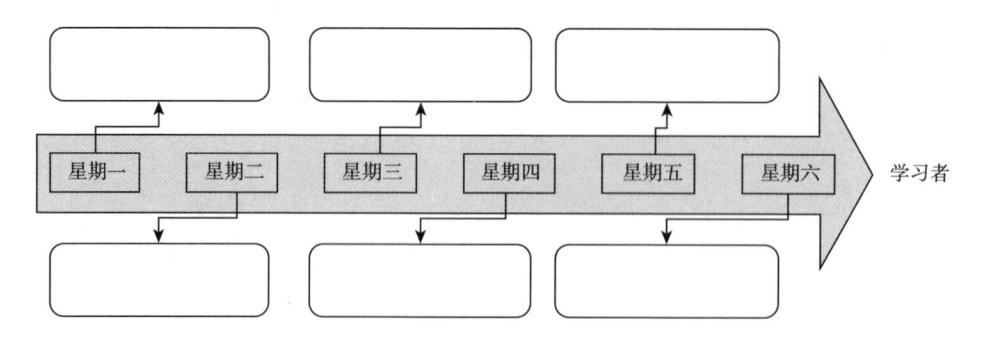

图 7-2 时间规划图

一个写作模型：学生借此结构进行摹写。（如图 7-3 所示）

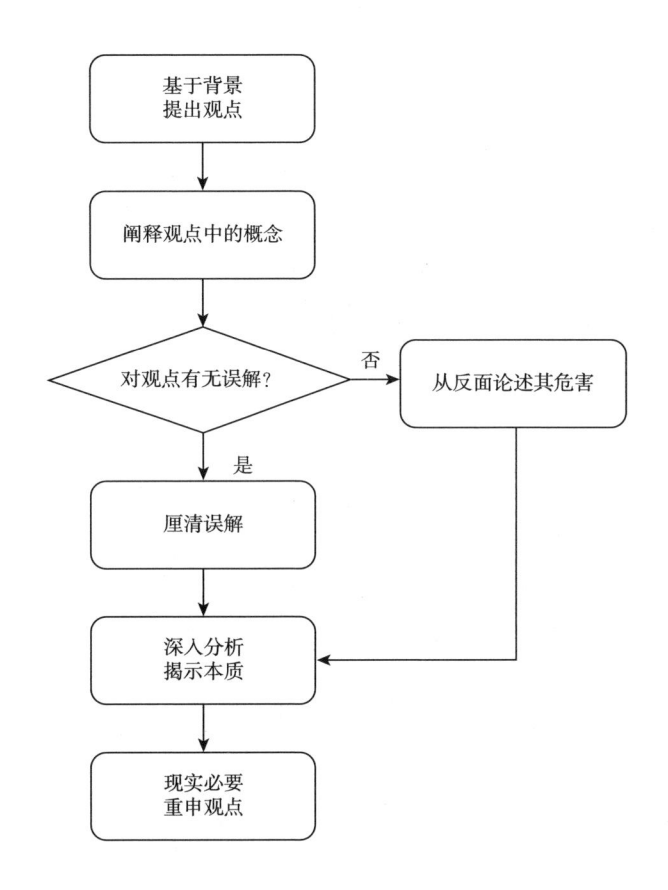

```
┌──────────┐
│ 基于背景  │
│ 提出观点  │
└────┬─────┘
     ↓
┌──────────┐
│阐释观点中的概念│
└────┬─────┘
     ↓
  ◇对观点有无误解?◇──否──→┌──────────┐
     │                      │从反面论述其危害│
     是                     └─────┬────┘
     ↓                            │
┌──────────┐                      │
│  厘清误解 │                      │
└────┬─────┘                      │
     ↓                            │
┌──────────┐                      │
│ 深入分析  │←─────────────────────┘
│ 揭示本质  │
└────┬─────┘
     ↓
┌──────────┐
│ 现实必要  │
│ 重申观点  │
└──────────┘
```

图 7-3　一个写作模型

- 一个阅读策略：比如 SQ3R 策略。（如表 7-2 所示）

表 7-2　罗宾逊（Robinson）SQ3R 阅读法

S	Q	3R
一、审查（Survey） 检视文本，关注： • 内容架构 • 章节目录 • 图表 • 关键词汇	二、提问（Question） 向自己提出如下问题： • 关于文本内容你已经知道了什么？你的阅读目标是什么？ • 尝试理解作者试图传达什么。	三、阅读（Read） 积极阅读文本，同时记住前边的步骤。写下新的问题并尝试回答之前提出的问题。

（续表）

S	Q	3R
		四、复述（Recite）用自己的话重述你读到的内容。向自己提问并向同伴解释你了解的内容，之后写一个内容提要。
		五、复习（Review）再次阅读相关部分，翻阅你的笔记，再去提问。格外注意你觉得难于理解的部分。

- 一个概念图或者思维导图。（如图7-4所示）

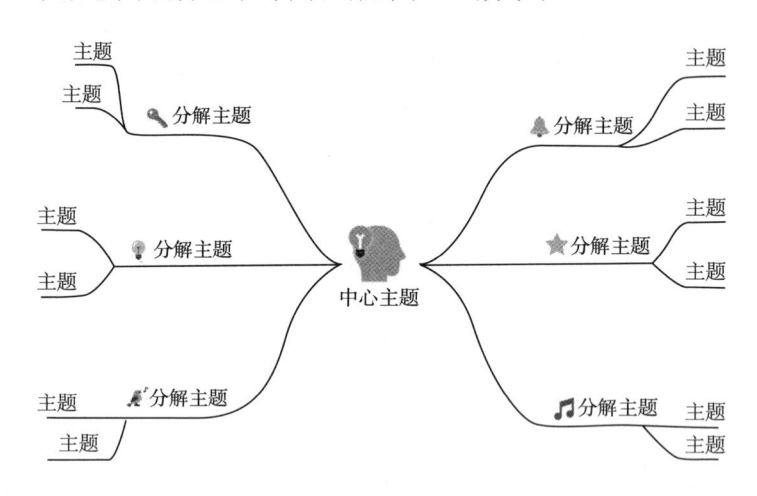

图7-4 一个思维导图模型

- 一张地图：当学生研读《烛之武退秦师》时，可直观了解当时的地理形势。提供高中语文必修下册第10页公元前630年春秋列国形势简图。（图略）
- 一份量规："熟悉的劳动者"写作量规。（见表7-3）

表 7-3 "熟悉的劳动者"写作量规

	优秀	达标	待改进
立意	能深刻认识"熟悉的劳动者"的意义和价值，有现实意义	对"熟悉的劳动者"的意义和价值有自己的思考	对"熟悉的劳动者"的意义和价值认识浅显
选材	选取典型事例和真实感人的细节，人物性格和品格突出	选取事例比较典型，人物个性特征比较突出	选取事例不典型，人物特征不突出
语言	语言流畅、生动形象，有感染力。	语言较为生动，有一定的表现力。	语言平淡，不流畅

- 一个二维码或者链接：让学生去网上查询，进行深度研究。

其他如一个温馨提示、一张画、一段音乐、一部电影、一张报纸、一个小条，都可以当作支持学生学习的支架。

总之，只要能够帮助学生完成学习任务的均可以成为学习支架。只要这个学习支架有效，方便且实用。

【案例叙事之七：我们去讲《西游记》】

初一的学生要读《西游记》了。这本四大名著之一的神魔小说放在初一阅读贴近学生的认知水平，同时语言通俗，故事离奇，能够很好地引发学生的阅读兴趣，而且初一的学生在阅读中对孙悟空除妖斩魔的大无畏精神以及唐僧矢志不渝的取经精神会有深刻的认识。

课标关于整本书阅读有这样的表述："针对作品的语言、想象、主题等方面的话题展开研讨。""借助多种媒介讲述、推荐自己喜欢的名著，说明推荐理由。"[1]

---

[1] 中华人民共和国教育部. 义务教育语文课程标准：2022 年版 [M]. 北京：人民教育出版社. 2022：33.

所以，关于《西游记》的阅读目标，我们如此表述：

1. 能用自己的话详略得当地讲述《西游记》的故事。
2. 能够准确把握主要人物——孙悟空、猪八戒、沙僧、唐僧的性格特点。

让学生思考的核心问题是：

唐僧是一个懦弱无能、毫无主见的和尚吗？

我们的核心任务是：

《西游记》故事会。

请你阅读《西游记》，选择一个你最喜欢的故事，用自己的话详略得当地讲给大家听（不要用PPT）。经过年级内的8分钟故事比赛角逐出若干位"故事大王"，然后到你毕业的小学去进行故事宣讲。

这个"去小学讲取经故事"的核心任务构建了一个真实的语文学习情境。学生不仅要阅读《西游记》，梳理故事情节，分析、比较人物形象，最后还有机会在去小学宣讲取经故事的活动中，训练自己详略得当地复述故事的能力，演绎自己最喜欢的取经故事，展现个人的魅力和风采。

对十二三岁刚刚升入初中的初一学生而言，他们常常具有比小学生更加强烈的自我意识和自尊心，迫切需要被钦慕的成就感来建立自信心和自我认同。他们这代人有强烈的自我表达、自我展现的欲望，因此，《西游记》阅读专题中"回母校讲取经故事"这个核心任务很好地抓住了"优秀学长们"身份转变的时机和表现自己、建立自信的心理需求，为学生搭建了一个真实的展现自我的平台。这对刚升入初一年级的学生来说具有较大的吸引力。面对这样一个"具有情境依赖和身份代入特征"的核心任务，他们的学习兴趣和动力就比较强。

在明确了新颖有趣、富有挑战的核心任务后,学生脸上都写满了兴奋,他们摩拳擦掌,跃跃欲试。这一具有真实情境的核心任务有效地激发起学生深入研读《西游记》的兴趣。

然后,为了帮助学生明确达成学习目标、完成核心任务的阶段和路径,搞清楚每一阶段应该落实的学习任务,我们会对核心任务进行分解,把一个核心任务分解成若干个明确、具体、阶段性更强的有趣的子任务。同时,这些子任务都会辅以相关的学习工具和课堂分享活动。这些能起到保持学生在学习过程中的学习兴趣的作用。

子任务1:话说西游人物。

唐僧师徒四人,谁最勇敢/坚定/可爱?形形色色的妖魔鬼怪,谁最狡猾?如来佛祖、观音菩萨、玉皇大帝、哪吒、菩提祖师、镇元大仙等各路神仙,谁最厉害?……你将从悟空、八戒、唐僧、沙僧、神佛、妖怪等众多形象中选择并介绍你印象最深的两到三个人物形象。

要求:

概括介绍人物的身世。

用几句话勾勒其性格特征,并引用一些故事和经典语言来印证,最好有些细节。

说明你喜欢或不喜欢这个人物的理由。

然后,请你从以上两到三个人物形象的特征出发,创造一个新的人物形象。这个新形象具有这几个《西游记》人物的共同特点,并借助你喜欢的形式(如图片、手抄报等)向大家介绍这个新的人物形象。

子任务2:行者 vs 妖怪。

在取经路上,唐僧师徒四人和形形色色的妖魔鬼怪斗智斗勇,请你利用工具分析两大对战群体的人员、布阵、特点和战斗力。

子任务3：班级、年级取经故事会。

唐僧师徒在去西天取经的路上经历的重重磨难，构成了一系列惊险而曲折的故事。请选择你最喜欢的一个故事（你可以尝试用200字的文段帮助自己从情节、人物等各个方面理清选择这个故事的理由），用8分钟时间详略得当地讲给大家听。

要求：

讲故事的时候别再看书，也不要做PPT，但可以看自己准备的提纲。

注意讲出故事曲折的情节，以及某些生动的细节，以吸引听众的注意力。

在学生阅读的过程中，学习支架是必不可少的，它们能很好地支持学生学习的落实。我们可以想象，假如没有以下这些阅读工具，学生的阅读会流于只关注简单的故事情节，他们今后也不会知道阅读一本书要从哪些地方入手。

- 以下是几种人物形象概括工具

《西游记》有丰富的艺术想象力，其中许多人物往往既有神性或妖性（幻想性），又有人性（社会性），还有物性（动物性），作者把这三者结合得很好，人物形象鲜活有趣。

其中，你印象最深刻的两三位人物是：＿＿＿＿、＿＿＿＿＿、＿＿＿＿。

请你勾画和提取原文中体现人物特征的描写，并用准确的词语进行概括。表7-4、7-5可以帮助你熟悉人物。

表 7-4 人物形象表

人物	外貌（长相、服饰）	兵器或法宝	擅长的本领	经典语录	性格特点及依据
（提示：你喜欢这个人物吗？为什么？你能从这个人物形象获得哪些启发？）					

表 7-5 创造新人物形象的工具

新人物形象	名称	外貌（长相、服饰）	兵器或法宝	本领	经典语言	性格特点	出场回目、预设结局
（提示：原型依据或理由）							

- 行者 vs 妖怪比较工具

在取经路上，唐僧师徒四人和形形色色的妖魔鬼怪斗智斗勇，请你利用以下表格工具（表 7-6、7-7）分析两大对战群体的人员、布阵、特点和战斗力。

（1）取经团队

表 7-6 取经团队人物形象表

取经团队人物形象	唐僧	孙悟空	猪八戒	沙僧	白龙马
优势性格					
劣势性格					
团队位置					
取经团队可以缺少谁吗？为什么？（请结合具体情节进行分析）					
取经团队带给我的启示有哪些？					

（2）妖怪风云榜

《西游记》中出现了形形色色的妖怪，白骨精、黄袍怪、金角大王、银角大王、狮猁怪、红孩儿、青牛怪、六耳猕猴、牛魔王、铁扇公主、黄眉老佛、赛太岁、蜘蛛精、蜈蚣精、狮王、象王、大鹏金翅雕、豹子精……请从中选择你印象最深的5个，从以下几个方面具体分析妖怪的形象，并按照_____的标准给他们排好位次。

表7-7 妖怪位次表

名次	名称	来历	武力（法宝、本领）	智谋	结局
第一位					
第二位					
第三位					
第四位					
第五位					

当然，除了阅读《西游记》，了解故事情节之外，我们还设置了一个拓展任务，那就是创作。

请同学们两人一组，合作插写一回《西游记》：从小说中找几个故事，分析一下其情节结构模式，包括如何开头、如何结尾、妖精有何来历、唐僧师徒如何解决等。然后确定合适的插写位置，以自己新创造的人物形象为主角，大胆发挥想象，共同创作一个取经路上的新故事。

要求：

①虚构要合理，人物的表现必须符合其性格特征。

②故事要生动有趣，和上下回衔接自然，注意设置悬念，还要有具体的细节。

不消说，有的学生的创作表现出了令人拍案叫绝的水平。当我读到这些创作的章回时，感觉只要给学生搭建好舞台，他们就会回报一个惊喜。选取一回，以飨读者。

敬亭山玄奘遇险，乐驹村银雀归心

话说唐僧师徒四人离了黄花观，继续西行，不觉天色已晚，望见一簇人家住处，约摸有四五十家。但见：

倚山通径，傍岸临溪。古树参天，枯藤寥寥。户户柴扉掩，家家竹院关。灯火稀，人烟静，半空皎月如悬镜。道旁黄叶落，岭上烟缥缈。好一派清秋光景。

三藏下马，只见那村口前有一牌楼，上书"乐驹村"三个大字。长老道："悟空，此处定是一村好人家，正可借宿。人家屋檐下可遮蔽风寒，放心安睡。待我前去一户门首告求。若肯留我，我便招呼你们前来；若是不留，汝等休要撒泼。汝嘴脸丑陋，只恐吓唬了人，闯出祸来，却无处往矣。"行者道："师父言之有理，请师父先去，我等在此等候便是。"

那长老来到一户人家前，只见那大门紧锁。三藏向前轻轻敲了一下门，过了片刻，那门开了一个小缝儿，从里面传出一个声音道："敢问门外是何人？"长老道："贫僧师徒是从东土大唐来的和尚，要去那西天取经。行至半路天色已晚，恳请施主让我们师徒借一宵。"话音刚落，门打开了，从里面走出一个两鬓苍苍的老者，笑语相迎道："长老，失迎。快里面请。"三藏回头，叫声："徒弟，这里来。"

行者三人听得师父招呼，牵着马，挑着担，不问好歹，一阵风闯将进来。唬得那老者跌倒在地，口中喊道："妖怪来了，妖怪来了！"那长老急忙将老人扶起，解释道："施主莫怕。不是妖怪，乃是我的三个徒弟。"老者这才放下心来，随三藏一同进了屋。

沙僧同八戒、悟空拴好了马，安置好行李，便来到屋子里找师父。那老者让老妻为师徒四人做了斋饭，三藏拱身，谢了斋供。饭后，三藏问道："敢问施主，为何开门时如此谨慎，莫不是此处有什么恶人不成?"老人叹息道:"长老有所不知,这村旁有座山,名唤'敬亭山',山中有一'翎羽阁',那里面住着一位公子,名叫白云哲。他无恶不作,每过几个月都会下山到我们乐驹村来,强迫每家上交钱财和粮食,如果交不出来,便会强行把这家的姑娘抢走。"老人的妻子呜咽道:"我们都是普通老百姓,有时连饭也吃不饱,哪有什么钱财?为此,我那可怜的女儿就被那公子抢去了……"悟空闻言,不觉大怒,道:"这混小子欺人忒甚!老人家,你莫要着急。俺老孙明日便去找那小子,保管叫他跪地求饶,叫他还你们公道!"老夫妻一齐垂泪道:"多谢老爷呵。"

却说师徒四人当晚便在乐驹村中住下。次日清晨,三藏辞了那老者,同徒弟们起身去往那"敬亭山"中"翎羽阁"寻那公子。只见那座山,真是好山:

山高峻峭,大势峥嵘。日晴天高无云飘,霞光万丈迷人眼。野草芊芊软似棉,莺歌燕舞醉林里。涧水有情,曲曲弯弯多绕顾;峰峦不断,层层叠叠无限还。只见那枫叶红似火,但觑那银杏金光闪。山中小道,曲径通幽;林里古树,遮天蔽日。奕奕巍巍欺五岳,落花啼鸟赛蓬莱。

却说唐僧四众,在山中游玩,忽抬头,见那松篁一簇,楼阁数层。三藏下了马,近前观瞧:

松坡冷淡,竹径清幽。宫殿金光通灵宵,楼阁缥缈入仙尘。白墙乌瓦情高雅,琉璃宝殿威风扬。好一个敬亭山中翎羽阁,神仙之府凡间造。

悟空道:"这定是那公子住的地方,修得如此豪华,可见这小子捞了不少钱财啊。"这时,从门里走出一位公子,看他怎生打扮:

体态轻盈,飘飘欲仙。面若中秋之月,色如春晓之花。鬓若刀裁,眉如墨画;面如桃瓣,目若秋波。头上戴着束发乌白玉冠，齐眉勒着卷云纹素抹额。身穿一件素白玉罗褶，广袖飘迎；足踏一双绣花步云履，步伐轻盈。敬亭山中奇男子，真似神仙下九重。

公子走上前，满面春风道："列位长老，作揖了。有失远迎，里面请。"说着，引着师徒四人进了院子，来到正殿。请三藏上座，亲自端茶倒水，款待有加。公子道："长老光临寒舍，乃在下之福，不知长老从何处而来呵。"三藏道："贫僧从东土大唐而来，要去那西天取经。多谢施主的招待，阿弥陀佛，善哉，善哉。"公子又道："长老一路行来，多受风寒之苦。不如今日就在寒舍休息一晚，明日再启程如何？"三藏忙连声道谢。

公子为师徒四人准备了素斋，收拾出了四间屋子。公子的温文尔雅，礼让有加，使唐僧等人全然忘记了乐驹村中老者的话。但悟空却一直记在心中，火眼金睛的他一下子就看出那公子定不是凡人，身上有一股妖气。回到房间后，悟空悄悄地对师父道："师父，那公子并非凡人，乃是这山中修炼多年的孔雀精，我看他不怀好心，咱们还是快离开这里为妙。"三藏道："悟空，那公子怎能是妖怪呢？他一片好心，反被你误会了。"八戒道："师父说的对，那公子是大大的好人，你怎么能这样诬陷人家，恩将仇报呢？"不管悟空如何解释，三藏还是执意不信。悟空不敢轻易行动，只是暗中保护着师父。

到了夜晚，明月拂上枝头，天色漠然暗淡。悟空恐怕妖怪不安好心，便悄悄地躲在唐僧的房门边。果然如悟空所料，那公子并非凡人，果真是一个孔雀精。他听闻吃了唐僧肉便可长生不老，于是热情招待了师徒四人，因见悟空、八戒、沙僧甚是不好对付，便准备在夜深人静时把唐僧捉住。公子换上了轻装，在夜色的掩护下，来到了唐僧的房门口。刚要进去，只听黑暗中有人大喊一声："呔，妖怪休要伤我师父，哪里走！"

话音刚落，只见行者从黑暗中跳了出来，举起金箍棒就向那妖怪打去。妖怪急忙把头一歪，躲了过去，跑到院里拿出了自己的兵器——钢制蛇矛。悟空追了上去，又是一场好杀：

钢蛇矛寒光逼人，金箍棒大显神通。

齐天大圣赤胆忠心，文雅公子笑里藏刀。

却说那行者与这妖怪大战了五十多个回合，不分上下，只杀得天昏地暗。

打着打着，不觉东方已泛出了鱼肚白，二人从院里一直打到了天上，仍不分胜负。行者渐渐体力不支，一不留神，被那妖怪一矛刺中，右臂吃痛，险些没拿住金箍棒，急忙抽身而去隐在林中。那妖怪回了院中找到唐僧，化作一道白光与唐僧一同消失了。这时正在歇息的沙僧和八戒被打斗声惊醒，急忙赶了出来，见悟空不在房里师父又没了踪影，八戒埋怨道："那猴子，真真是个好徒弟！打不过妖精就跑，害得师父都被抓走哩。要是换俺老猪，定打得那妖怪连连求饶！"

却说那长老叫妖怪掳到地窖中，见地窖里有些女人的白骨，吓得跌跌颤颤。原来那妖怪为了让自己永葆青春，便从村中挑选貌美女子，吃了后即可一直拥有俊美的容貌。外边那悟空回到院中，将八戒、沙僧带回村中教他们看好白马，且不可独自寻妖，自己上南海找观音菩萨去了。

那悟空来到南海，见到善财童子忙拦住道："菩萨可在？我保护师父西行，途经一山，那山上妖精要吃我师父，我特来请菩萨相救。"善财童子答道："你来得不是时候，师父上如来处赴约，十日内怕是回不来了。"悟空只得驾祥云上南天门，见着玉皇大帝，唱个大喏道清来意。玉皇大帝派托塔天王和哪吒三太子率兵来到敬亭山上。悟空上前吆喝道："妖孙子，快出来拜你祖宗爷爷！"可叫喊了几次，却不见那妖精半点踪影，原来悟空去请兵之时，八戒在村中坐不住了，寻思着："这猴子不叫我们去除妖，明就是想独占功劳，俺老猪也是时候立个功劳了。"想罢拉住沙僧道："那猴子这会不知在哪，若是那妖心急，现在杀了师父，那该如何是好？不如咱俩现在去救了师父，也当是立个功。"沙僧阻拦："那不好，师兄让咱们在这待着，咱就莫要多心，师兄自有办法。"那呆子不听劝，扛上钉耙便向外走，沙僧来不及阻拦，只好留下看管行李、马匹。

却说那呆子来到院前，叫道："妖精！老猪乃是那天蓬元帅下凡助东土来的圣僧取经，如今你快快将他送出，省的俺老猪捅了你这破妖精洞！"

那妖刚和悟空交战费了不少体力，正在地窖打坐恢复体力，听了这话火气便起来了，提上矛出洞应战。八戒见妖精出来不由分说一耙打了上去，那妖右手拿矛迎了上去。二人交战八九回合，那妖怪拿出一个飞镖向呆子飞去。呆子不及躲闪，中了他的暗器，连忙逃走。

那妖精回到地窖，锁了门，念了防火防水诀，在地窖中盘算着怎么吃唐僧，所以天兵来时并不出来应战。托塔天王见引不出妖精，便向西海请龙王放水淹死那怪，怎知那地窖有防水诀护着，滴水不进。龙王收了水，众天兵四处查看，一不小心触到机关，房屋四壁射出千万个飞镖，天兵一时乱了阵脚，托塔天王急忙收兵。

玉帝见众天兵也奈何不了那妖，慌得欲将它招安。悟空大怒道："玉帝老儿你好生无能，敌不过那妖便要招安？俺老孙不用你了！"说罢便要打出南天门，太上老君忙出来劝阻道："悟空你莫怒。那妖精是个孔雀，本名白云哲，与我座下一只名叫青鸾的凤凰算是旧相识，可让他来试试能否助大圣降妖。"大圣止步："快叫那青鸾出来。"太上老君便让身边的童子去叫青鸾。须臾，一道金光落下，化作一位公子。你道那公子怎生打扮：

形容典雅，体段峥嵘。貌似潘安掷果轻，武如长恭杀敌易。头上一顶紫金冠，眉间一点朱砂红，身上一件乌金盘龙甲，腰上一块镶金玉如意。面目俊雅,英气逼人,俨然是一位富贵王孙。

玉帝见了大喜,忙钦点二十八宿、九曜星官、十二元辰等人协助青鸾。青鸾谢过玉帝,太上老君又叮嘱了一遍,青鸾便去了。

却说青鸾来到翎羽阁前,叫众天兵莫出声,取出一个笛子吹了起来。那笛声悠悠,婉转缥缈,方圆百里皆可听见。那孔雀听这笛音耳熟,绑好三藏,寻出了地窖。青鸾见孔雀出来,令众天兵守好洞口,收起笛子,拔出逐云剑迎了上去。妖怪忙操蛇矛迎上去,一场好杀:

逐云剑,钢蛇矛,悠悠冷气逼人寒,荡荡昏云遮山堰。惊得那山鸟皆退林,唬得那群兽忙归洞。

二人在空中斗了八九个回合,那妖又摸出一个飞镖,向青鸾掷去。青鸾闪身躲过,掏出玉珠向那妖扔去。那妖精现出原形,原来是只白孔雀。白孔雀的尾羽向青鸾扫去,青鸾也现了原形,是一只金凤。两只鸟儿在空中又打作一团,他二人:

一个是九重天上金羽凤,一个是翎羽阁中白孔雀;本是旧相识,何必戎马见。一个归仙门,一个堕魔道。道不同,不为谋;志不同,难为友。白孔雀咄咄逼人,一心欲得唐僧肉;金羽凤步步退让,只愿旧友降仙门。

半空中,一金一银,一进一退,直看呆了那众天兵。两人又战三十回合不分胜负,金凤突然向西鸣叫三声,空中降下一金锁锁住了那白孔雀,白孔雀动弹不得,只得罢休。

却说那青鸾把旧友带上天庭见了玉帝,原来天庭还是东华帝君掌管之时,凡间有两只麻雀,在山中戏耍,得日月精华,修成两个公子,日日弹琴奏乐,读遍诗书,习武练功。一日,两人来到天宫,各偷吃了一颗仙丹。若论道行青鸾必比不过白云哲,青鸾便又偷吃了一颗仙丹,所以他二人一人成了凤凰,一人只成孔雀。云哲心生怨恨,堕入魔道,青鸾独自上天庭向东华帝君请罪，帝君见他心诚便将他赐予太上老君为童子。

  青鸾求玉帝将那孔雀从轻发落，玉帝看在青鸾有功便削了那孔雀的法力，罚他到村中帮助当地百姓，将曾经掠去的钱财如数还回，待那些村民可安居乐业之时，即算功满，回天庭太上老君处与那凤凰作伴。那凤凰念及旧日之失，自去了仙籍，同随孔雀下凡。悟空见玉帝如此发落心中甚满，不再追究，回地窖救下师父，到村里找八戒、沙僧，师徒四人离了乐驹村向西去了。

（陈沐璘 汤维依）

（陈、汤二位同学现为北京十一学校高中学生）

（本案例素材由北京十一学校何其书老师提供）

  读者诸君，怕是有些不大相信这是初一学生的作品吧？然而，事实确实如此。

第八章 学习评价

一、学习评价的内涵

行文至此，我们已经看到了一个较为完整的从教到学的基本架构与设计流程。

围绕核心任务，学生与教师共同明确学习目标，学生制订自我学习规划，然后就进入学习。一个完整的学习单元大约会持续1—2周，乃至3周时间。

教师从过去站在讲台上面对一群学生讲课转变为在学生中间指导、答疑。教师的角色从简单的施教者变成了学习任务的设计者、学习过程的调控者和学生学习的帮助者。

那么，我们如何确认学生最终达成了学习目标呢？

学习目标的意义在于它指明了学习的方向，同时它也是需要被实现的，不然就是一个虚幻的假设。

为了确保学习目标能够被实现，在确定目标后，我们就需要思考目标达成的途径，以及达成的表现形式。这也是"逆向教学设计"所倡导的思想。而这些我们都可称之为学习评价。

在从教到学的转变过程中，学习评价应该贯穿学习始终。换言之，评价的过程也是学习的过程。

所以，我们不能简单地将评价等同于阶段性测试，如单元测试、期中考试、期末考试等，我们也不能仅仅依赖以上终结性考试来对学生的学习结果进行评价。

在这里，我们应该明确的是，学习评价的目的不是将学生区分出来，对其最终的学习结果进行等级评定。假如仅仅是这样的话，那么学生的学习过程对教师来说就是一个"黑箱"，你永远不知道其中到底发生了什么。

而我们的目的是让学生的学习看得见。我们要力求避免评价与学习不一致的情况发生。学习评价要与学习目标、学习内容以及学习过程高度一致。

这在语文课程上尤其值得我们警惕。我们经常看到语文单元检测与学习内容不匹配的现象，亦即"教什么不考什么"。所以，学生在学习过程中的每一步都应该有对应的评价，包括其完成的进度与完成的质量。

二、学习评价的类别

一般来讲，我们把评价分为过程性评价和终结性评价（也称结果评价）。换言之，学生应该清楚地知道每一项任务的质量评价标准。当然，有质量评价标准并不一定意味着每一个学生都要达到同样的水平层次，因为学生有差异性，但一定会有一个最低质量标准。

过程性评价主要考查学生在学习过程中的具体操作以及认知策略，当然也包括元认知策略，如自我学习规划的制订等。

先看过程性评价。

实际上，在基于标准的语文项目式学习过程中，贯穿始终，也是需要教师与学生一起确定的就是过程性评价。评价就是学习，或者说评价是学习的一部分。学生可以通过过程性评价不断矫正自己并确定自己在某一阶段的进步。

例如，关于自我学习规划的评价。

自我学习规划是学生进入学习前必须认真对待的一项任务。我们教学的目的不仅仅是传道、授业、解惑，更重要的是让学生学会学习。而学会学习的关键一步就是规划自己的学习。

学生并不是天然地会学习，尤其是在传统的语文课堂里只是听老师讲而成长起来的学生，他们在很大程度上并不会规划自己的学习。于是，教师必须指导学生如何规划，规划到什么程度算合格。然后，针对学生的自我学习规划进行评价、讲评，让学生明白一份好的自我学习规划是什么样子的。

首先，需要确立一份自我学习规划的评价量规。（见表8-1）
- 第一，学习规划不是简单的进度条、计划书或步骤单。
- 第二，学习规划应该是一个行动指南，包含每一步所要达成的目标。

表8-1 自我学习规划评价量规

维度	进士级	举人级	落榜童生
覆盖面	规划覆盖学习单元的整个周期，包括课上及课下的时间	规划覆盖学习单元的整个周期，但仅涉及课上时间	规划看起来好像覆盖学习单元的整个周期，但粗略，应付差事
合理性	规划内容的每一步都有明确的目的，最终都指向学习目标，且节奏有度	规划内容的每一步都有明确的目的，但节奏缺乏弹性	规划内容欠缺明确的目的，缺乏节奏，走一天算一天
落实度	规划中有每天打卡要素，并明晓规定节点应完成的任务并保证质量，有强有力的监督作用	规划兼顾规定节点应完成的任务，且有每日打卡要素，但可能前松后紧，有一定的监督作用	规划没有考虑到规定节点应完成的任务，没有每日打卡要素，起不到过程监督作用，导致最终不能落实

然后，提供优秀案例供学生参考并修正自己的规划。（见表8-2）

表8-2 "第三单元 人与社会"规划（9.16三—9.22二）

日期	任务	达成	日期	任务	达成
9.16 三	阅读1 朱光潜《个人本位与社会本位的伦理观》+梳理	☑	9.19 六	选择角度构思综述	☑
9.17 四	阅读2 周国平《中国人缺少什么》+梳理 阅读3 杨绛《隐身衣》+梳理	☑	9.20 日	完成综述写作（1/2）	☑
9.18 五	阅读4 林贤治《左拉和左拉们》+梳理 阅读5 李思辉《从袁隆平的担忧说起》+梳理	☑	9.21 一	完成综述写作（2/2）	☑

下面是另一个学习规划案例：

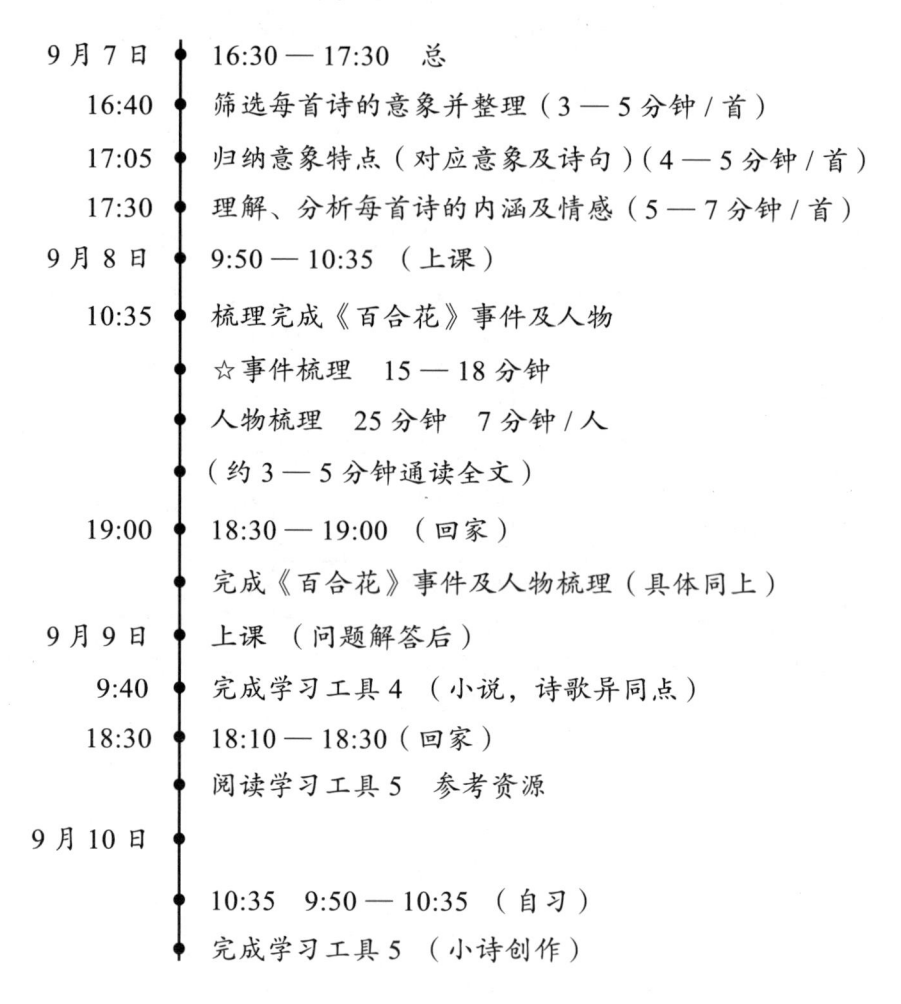

- 9月7日
  - 16:30 — 17:30　总
  - 16:40　筛选每首诗的意象并整理（3 — 5分钟/首）
  - 17:05　归纳意象特点（对应意象及诗句）（4 — 5分钟/首）
  - 17:30　理解、分析每首诗的内涵及情感（5 — 7分钟/首）
- 9月8日
  - 9:50 — 10:35（上课）
  - 10:35　梳理完成《百合花》事件及人物
  - ☆事件梳理　15 — 18分钟
  - 人物梳理　25分钟　7分钟/人
  - （约3 — 5分钟通读全文）
  - 19:00　18:30 — 19:00（回家）
  - 完成《百合花》事件及人物梳理（具体同上）
- 9月9日　上课（问题解答后）
  - 9:40　完成学习工具4（小说，诗歌异同点）
  - 18:30　18:10 — 18:30（回家）
  - 阅读学习工具5　参考资源
- 9月10日
  - 10:35　9:50 — 10:35（自习）
  - 完成学习工具5（小诗创作）

再如，评价学习任务是否按时达成。制订了规划，就要按照规划完成相应的任务，让学生逐渐养成高效、不拖延的良好习惯。教师要根据任务学习过程中的时间节点查看学生的完成情况，进行动态评价，以此监控学生的学习效果。

学生可以在网络平台上提交自己的学习成果，教师根据是否按时提交进行第一次评价。（见图8-1）

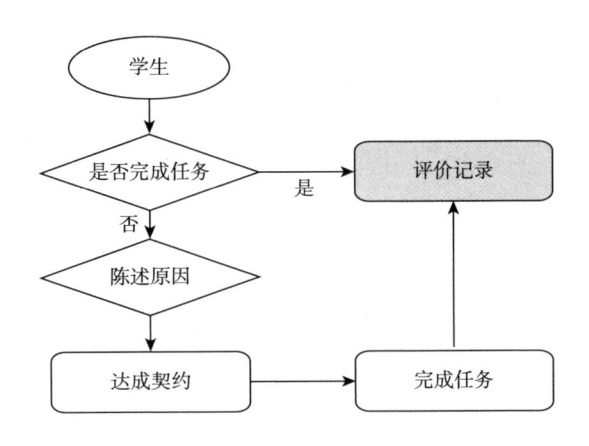

```
        学生
         │
         ▼
    是否完成任务 ──是──▶ 评价记录
         │                  ▲
         否                 │
         ▼                  │
      陈述原因              │
         │                  │
         ▼                  │
      达成契约 ─────▶ 完成任务
```

图 8-1　任务达成评估流程

我们要强调的是，评价并不仅仅是为了教师了解学生学习实践质量这一目的，更重要的目的是通过过程性评价给予学生充分且有方向的指导，让学生在学习实践的过程中明白优秀的表现是什么样的，合格的是什么样的，不能接受的是什么样的。

举例来说，我们的学习任务中有一个关键任务是给老师写一封劝说信。我们不能等学生完成这封信后才进行等级评判，因为这只是一个结果评价，好坏已成定局。我们应该在学生写作前就让他们明白他们的劝说信将被从哪几个维度进行评价，评价的标准是什么。（见表 8-3）

表 8-3　劝说信写作量规

维度	优秀	合格	待改进
事			
理			
情			

这样一份评价指标我们称为量规。何为量规？一般来说，量规就是通过列出维度标准，并描述从优秀到待改进的质量水平来阐明对任务结果的期望。

我们对此应该不陌生，即使我们过去并没有接触过"量规"这个概念，我们也非常熟悉评分细则。在学生考完试后，将要阅卷的时候，我们往往都会制作一份评分细则。比如，在评判学生的作文时，我们可能会有这样一份评分标准。（见表8-4）

表8-4　一份作文评分细则

类别	评分要求	评分说明
一类卷 （42—50分）	符合题意、论点明确、论据充实、论证合理、语言流畅、表达得体、结构严谨、层次分明	以46分为基准分浮动。符合一类卷的基本要求，有创意、有文采的作文可得48分以上
二类卷 （33—41分）	符合题意、论点明确、论据较充实、论证合理、语言通顺、表达大致得体、结构完整、条理清楚	以37分为基准分浮动。符合二类卷的基本要求，其中某一方面比较突出的作文可得37分以上
三类卷 （25—32分）	基本符合题意、论点基本明确、论据较充实、论证基本合理、语言基本通顺、有少量语病、结构基本完整、条理基本清楚	以29分为基准分浮动。符合三类文的基本要求，其中某一方面较好的作文可得31分以上
四类卷 （24—0分）	偏离题意、立意不当、论点不明确、内容空洞、语言不通顺、语病多、结构不完整、条理混乱	以20分为基准分浮动

这样一份评分细则实际上就是教师评阅作文时的一份量规，用以衡量学生作文的表现。然而，这样一份量规学生在写作前是看不到的。

如果我们转换视角，把它当作以学生为中心形成性的评估方法，这个细则就有可能帮助学生发展写作技能，并对自己的写作质量做出可靠的判断，而且还能提供一种写作的方向，让学生避免写出不及格的作文。

比如，我们对上述评分细则做以下修改。（见表8-5）

表 8-5　一份由评分细则修改成的评价量规

维度	可发表级	可自我欣赏级	差强人意级	坚决避免级
立意	符合题意，论点明确，有明确的语句表明自己的观点	符合题意，论点明确，能找到标志性的论点语句	基本符合题意，立意稍有偏差；论点较为模糊，没有明确的标志性论点语句	偏离题意，立意不当，论点不明确
论证	论据充实且能说明观点，论证合理严密，合乎逻辑	论据比较充实，但属于一个层面；论证合理	有论据，且能证明观点，但比较单薄	内容空洞，缺乏证据，语句、段落之间没有逻辑
语言	语言流畅，表达得体，符合文体特征	语言通顺，表达大致得体	语言基本通顺，有少量语病，但不影响理解	语言不通顺，语病较多
结构	结构严谨，层次分明，讲究过渡	结构完整，条理清楚，有过渡	结构基本完整，条理基本清楚	结构不完整，段落之间没有条理

如果在学生写作前我们就将这样一份评价量规发给学生，学生就可以看看不及格是怎样的表现，达成优秀需要怎样的条件，而且他们在写作过程中可以停下来，进行自我评估和矫正。这样，这份量规就不仅仅是教师评判的工具，也是学生学习的工具了。所以，好的评价量规可以帮助学生成为对自己和同伴作品的可靠评估者，同时也可以减少教师评估学生作业的时间。

当然，以上这份写作量规可以做得更加具有可操作性，更加细致一些。

在理想的状态下，学生完成的每一项工作都需要有一个量规，就像你在车床上车一个产品的时候，一定会有一个模具之类的量规进行衡量，以减少次品。

我们还要明确的一点是，评价并不单单指向学生的学习结果，换言之，就是不能仅仅评价学生完成作业的质量。我们也需要对学生的学习行为进行评价。比方说，当学生处于小组合作学习过程中时，我们就有必要评价小组合作学习的氛围和学生在合作学习中的表现。因为我们的目的不仅仅是合作完成一个学习任务，还有一个重要的目的就是在学习中发展学生的合作沟通能力和解决问题的大局意识。

对一个小组的合作学习，我们可以从这样几个方面让学生进行自我评价。（见表8-6）

表8-6　小组合作学习自我评价表

期望的合作小组要素	一点儿都没有	有一些	完全符合
我积极参与小组活动并帮助小组完成任务			
我们组每个人都积极参与活动并帮助小组达成任务			
在小组其他成员发言时我能够安静聆听			
我们小组每个人都有发言的机会			
我一直聚焦于我们的任务			
每个人都聚焦于我们的任务			
我们是一个成功的团队			

实际上，这个评价量规也不单单是任务结束后对团队的终结性评价，学生在开展小组活动前就要拿这个标准来指导本组成员的合作行为。

所以，我们应该改变这样一种刻板印象：评价只能放在学习之后。我们并不否定对学生学习结果的评价，诸如单元检测、学段检测以及课堂及时反馈等，均是对学习产生的结果进行效果评价，从而检测学生掌握知识的具体情况。这当然也是教师评价学生、诊断自己教学成果的重要手段。但这却不是唯一的功能。

我们可以将很多我们期望的成果变成一个个评价量规，在学生进入学习前或在学习过程中发给学生。学生便可以以此为衡量工具，进行自我评估，并及时矫正。

三、评价量规

那么，一个评价量规应该如何建构？

一般情况下，一个评价量规由四部分构成：

- 要评价的任务说明。
- 评价的维度。
- 评价等级。
- 具体的等级标准描述。

下面是一个量规的基本格式（见表8-7）。

题目：关于××××的量规。

任务说明：（此处简要说明任务的内容）。

表 8-7　评价量规基本格式

等级 维度	等级一	等级二	等级三
维度 1			
维度 2			
维度 3			
维度 4			

设计量规之前应有一个简明的任务说明，提示学生将完成怎样的任务，这个任务将会从哪几个维度进行评价。很多量规并没有这样的提示，有任务说明至少可以让学生明白评价要素的意义。

例如，一封好的劝说信，至少包含以下几个要素：一、所劝说之事要清楚；二、要以理服人，不能强词夺理；三、要动之以情。

评价维度是任务或一个作品的核心要素，也是教师最期望学生达成的能力要素。换言之，你最期望学生形成什么样的能力，评价维度就设置什么。假如教师对一份手写海报特别强调书写与版式，那么在量规里就可以将这一条列出来；假如是打印版，就无须评价。所以，我们在设置量规的评价维度时，必须切合学科的核心素养，也即学生应该发展的关键能力。就语文学科来说，我们的量规维度评价的是真正的语文能力而不是其他。

评价等级就是任务最终被执行或完成的情况，是优，还是较差。评价等级可以用不夹杂制定者情感的描述词语，类似于优秀、良好、合格、不合格即可，当然，这也是极简单的等级描述方式。实际上，有很多教师在制定评价等级的时候，会使用很多富有亲和力、活泼好玩的词语来描述，比如最优被称为"骨灰级"，刚合格被称为"菜鸟级"等。在描述等级的词语选择上，教师大可以发挥才智，充分创新，让评价量规看上去很有趣。

表8-7空白的格子里就是各个维度在不同等级的具体描述。我们希望这个具体描述简洁，但一定有明确的区分度。我们尽量避免使用诸如观点明确、观点较为明确、观点不明确这样的词语来描述，因为学生无法辨别"明确"与"比较明确"的差别。上述那份评判高考作文的量规其实并不清晰，因为大量使用了"比较""基本"等模糊性词语。

当然，以上呈现的只是一个基本格式。在实际制定量规的过程中，会有很多变式。（见表8-8）

表8-8 一个评价量规的变式

维度及赋分	标准	说明	得分
维度1（10分）（维度即细化的评价指标。原则是期望学生掌握什么，便评价什么）	维度的具体标准，要准确清晰，不能模糊	可以在评价过程中由他人或者自己判别一项作业的标准符合度，是完全符合，还是有不足之处，并指出哪里有不足之处	依据标准、说明给定一个评价分数

（续表）

维度及赋分	标准	说明	得分
维度2（10分）			
维度3（10分）			
维度4（10分）			
维度5（10分）			

然而，我们也知道，所有评价都是指向一个一个具体的学生的，学生不一样，评价的标准也应该不一样。苏霍姆林斯基说："学习上的成就这个概念本身就是一种相对的东西；对一个学生来说，'五分'是成就的标志，而对另一个学生来说，'三分'就是了不起的成就。教师要善于确定：每一个学生在此刻能够做到什么程度……"①（当时政府采取五分制，五分是满分，三分是及格分）所以，所有的评估除了要与学习目标、学习内容、学习过程一致外，还需要与个体的学生一致，因为"没有也不可能有抽象的学生"②。

【案例叙事之八：初入《红楼梦》】

对《红楼梦》这部大书，一个人可能需要阅读一辈子，当然也可能一辈子也不翻开。所以，就中学语文教学来说，我们不是去研究《红楼梦》，不是抱着让学生深入理解《红楼梦》方方面面的目的去做文章。因为毕竟一部书就成为一门专门的学问——"红学"，其中之味并非几周时间就可以悟到。

所以，我们的目标就是为学生打开一扇窗，为他们以后深入"红楼"奠定一个基础。然而，既然是高中生阅读，就不能浅浅阅读，翻翻了事。

课程标准谈及整本书阅读时提到："在指定范围内选择阅读一部长篇小说。通读全书，整体把握其思想内容和艺术特点。从最使自己感动的故

---

①② 苏霍姆林斯基.给教师的建议[M].杜殿坤，编译.北京：教育科学出版社，1984：1.

事、人物、场景、语言等方面入手,反复阅读品味,深入探究,欣赏语言表达的精彩之处,梳理小说的感人场景乃至整体的艺术架构,理清人物关系,感受、欣赏人物形象,探究人物的精神世界,体会小说的主旨,研究小说的艺术价值。"[1]

首先,我们确定学习目标,分别从"回忆与再现""技能与概念""思维迁移与创造"三个维度进行描述:

1. 能够从两个方面梳理小说的主要情节。
- 贾府由鼎盛到衰落。
- 宝黛钗爱情婚姻悲剧。

2. 能在理清人物关系的基础上,感受和欣赏主要人物形象,探究人物的精神世界。
- 主要人物:宝玉、黛玉、宝钗、凤姐、探春、晴雯、香菱等。
- 塑造人物的方法:细节描写、诗词写作、个性化的语言、环境的烘托等。
- 人物的多择性和复杂性。

3. 能够借助小说了解古代的社会关系和生活习俗,获得审美感悟,丰富自己的精神世界。

我们的核心问题是:

当我们阅读《红楼梦》的时候,我们在阅读什么?

这个核心问题试图引导学生走出从不知何种渠道得来的关于《红楼梦》难读且均是家常琐事、儿女情长之类的刻板印象,让学生走入文本,自己独立思考。

我们一时无法用一个核心任务贯穿整本书阅读的始终,因为对类似

---

[1] 中华人民共和国教育部.普通高中语文课程标准:2017年版2020年修订[M].北京:人民教育出版社.2020:11—12.

《红楼梦》这样的文学名著,并不好设计一个项目来推进阅读。于是,我们便设计若干关键任务来推进阅读。

关键任务一:如果你是《红楼梦》电视剧的编剧,你需以贾府为中心梳理出能够表现贾府(荣宁二府)由盛转衰的重要事件。

- 完成贾府盛衰记录表,"细绘"贾府由盛转衰变化图。(参见表8-9)
- 选择贾府鼎盛时期的一个事件,分析其背后隐藏的衰落的因素。

关键任务二:如果单写一本《宝黛情缘》,会有哪些重要情节?请以时间为线索,画一张宝玉、黛玉情感脉络变化图(至少包含六个情节),并举例分析宝黛爱情的精神内涵。

- 宝黛爱情发展脉络梳理。(参见表8-10)
- 宝黛爱情精神内涵分析(可与《西厢记》中张生与崔莺莺的爱情对比)。

关键任务三:制作"红楼梦中人"卡片——请在金陵十二钗(外加宝玉)中,选择五个人(必须包含宝黛二人),分别为他们制作一张身份、性格卡。内容包含判词、人物命运、性格特征及体现性格的主要事件;再分别为他们选取一个象征物并说明理由。

关键任务四:《红楼梦》中的文化欣赏及我们的收获(诗歌、饮食、服饰)研究汇报(第48回"香菱学诗",第37、38回"海棠诗社",第45、50、51回"风雨词")

根据关键任务,学生制订三周的自我学习规划,并借助教师提供的学习支架来完成对前60回的阅读。

表8-9 贾府盛衰记录表

回目	事件核心内容	盛/衰之景 具体表现	衰败结局的 迹象/暗示

表 8-10　宝黛情缘记录表

回目	事件概括（起因、经过）	关键话语、心理活动语句	体现或引发了怎样的变化（该事件对宝／黛个人及二人关系产生了怎样的影响）

最后，再花一周的时间与学生一起研读《红楼梦》中的重要诗歌，目的是借助《红楼梦》里论诗写诗的章节，提升学生赏鉴诗歌的品位；且让学生联系红楼判词及相关情节，思考诗歌与人物命运之间的关系。

讨论题目如下：

香菱学诗——诗歌鉴赏进阶 1

海棠诗社——诗与人的关系

菊花诗——诗歌鉴赏进阶 2

《葬花吟》——花与人的关系

至此，《红楼梦》的初读基本完成。通过一个月的研读，学生对《红楼梦》前 60 回有了较为深入的理解，从小说的主旨到人物形象，到《红楼梦》所体现的文化，到其中的诗歌等，经过切实的学习，形成了令人满意的学习结果。

至于《红楼梦》中的其他细节，教师可以提供研究课题，师生共同在课余时间进行交流。比如，关于冷子兴、林黛玉、刘姥姥等人的作用，前四回在《红楼梦》中的地位，以及《红楼梦》中的谶语等。

第九章 教与学的实施

一、教与学的基本流程

我们将设计程序简化一下,用思维导图的方式呈现,以便做一个直观的总结。(见图9-1)

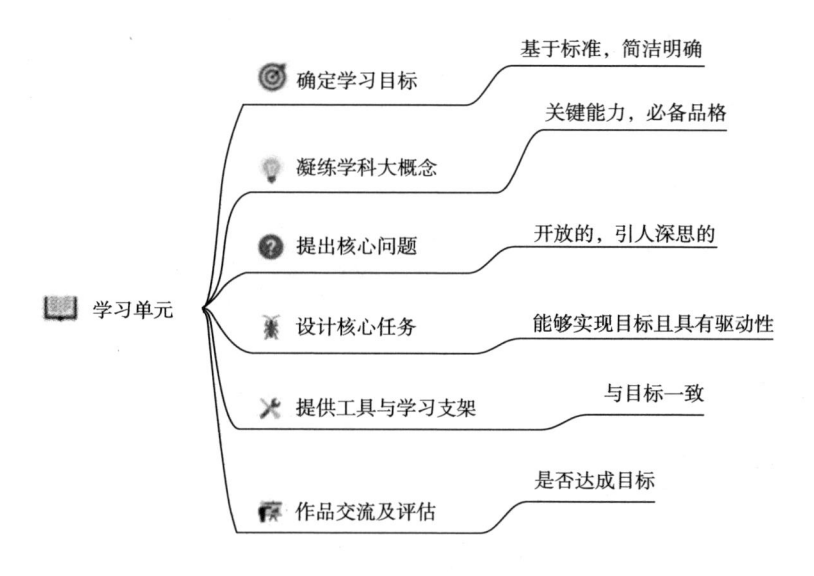

图9-1 学习单元设计流程

以上图示是从设计者,即教师的视角来看待基于标准的语文项目式学习的设计要素。

我们再换一种视角,从学生的视角来看待学习流程。(见图9-2)

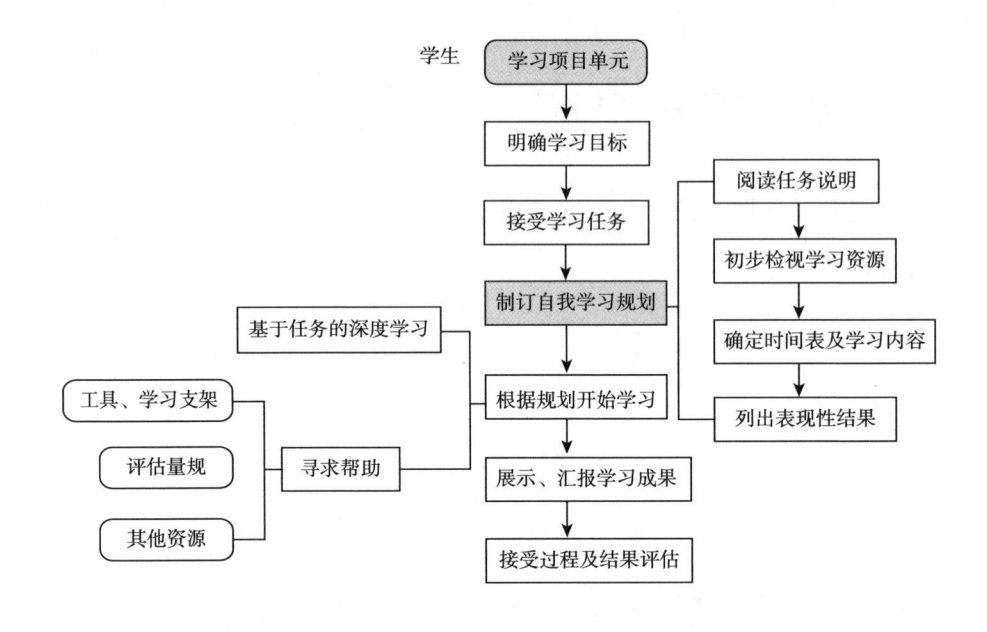

```
                                    ┌──────────────┐
                          学生      │ 学习项目单元 │
                                    └──────┬───────┘
                                           ↓
                                    ┌──────────────┐
                                    │ 明确学习目标 │
                                    └──────┬───────┘
                                           ↓
                                    ┌──────────────┐      ┌──────────────────┐
                                    │ 接受学习任务 │      │  阅读任务说明    │
                                    └──────┬───────┘      └────────┬─────────┘
                                           ↓                       ↓
     ┌─────────────────┐             ┌──────────────┐      ┌──────────────────┐
     │ 基于任务的深度学习├────────→ │制订自我学习规划│     │ 初步检视学习资源 │
     └─────────────────┘             └──────┬───────┘      └────────┬─────────┘
                                           ↓                       ↓
  ┌──────────────┐                   ┌──────────────┐      ┌──────────────────┐
  │ 工具、学习支架├─┐                │根据规划开始学习│    │ 确定时间表及学习内容│
  └──────────────┘ │                 └──────┬───────┘      └────────┬─────────┘
  ┌──────────────┐ │  ┌──────────┐         ↓                       ↓
  │   评估量规   ├─┼──│ 寻求帮助 │   ┌──────────────┐      ┌──────────────────┐
  └──────────────┘ │  └──────────┘   │展示、汇报学习成果│   │  列出表现性结果  │
  ┌──────────────┐ │                 └──────┬───────┘      └──────────────────┘
  │   其他资源   ├─┘                        ↓
  └──────────────┘                   ┌──────────────┐
                                     │接受过程及结果评估│
                                     └──────────────┘
```

图 9-2　学生视角下的学习流程

二、小沐同学的学习视角

我们以学生小沐的视角来对这个流程图进行描述，以展现小沐将如何学习一个单元。

小沐与其他同学一样，在上课之前拿到了单元学习任务书。她仔细研读了任务书，并听老师解读了本单元的学习目标以及将要完成的核心任务。小沐用红笔着重勾画了学科大概念，这对她和其他同学来说是一个新奇的部分。原来她以为只有理科像物理、数学之类的才有定义一样的学科大概念，没想到语文也有，这将帮助她将语文能力与语文知识结构化。

老师进一步解说，本单元学习结束，并不意味着我们就彻底封闭了单元主题，我们的思考也许才刚刚开始，它可能为我们进一步的思索打开了一扇大门，所以，你们要关注本单元的核心问题。

小沐也发现，这个核心问题与本单元的主题相关，但又好像超越了本单元的内容。"嗯，得好好想想。"小沐细细忖度。

小沐拿出笔记本，看了老师所标注的重要时间节点，开始做自己的个人学习规划。小沐是个追求完美的同学，她想把规划做得好看一些，这样自己每天看起来便觉赏心悦目。当然，这只是其次，重要的是她要合理规划每一天的学习，包括课上的时间和课下的时间。老师说，会留出课上的时间供他们自我学习。

小沐又仔细研读了核心任务与支撑核心任务的子任务，心里有了大致的完成任务的顺序。她开始翻阅书本资源，看看自己阅读完会需要多少时间。小沐花了大约 20 分钟时间完成了自我学习规划，提交给老师，让老师看看有什么不合理的地方。

老师在课上选取了若干同学的自我学习规划进行了评讲，小沐发现有同学规划做得更加细致，可操作性更强，而且还有每日反馈，以审视自己完成的情况。课下小沐又修改了自己的学习规划，第二天课上又与小组讨论确定了什么时候进行小组讨论，完成小组合作任务。

接下来的几节课，小沐与同学们进入了基于任务的学习。

小沐过去上语文课，虽然也是单元组合，但老师都是一课一课地教，学生不用做自我规划，每节课老师都有明确的教学任务。

但现在，小沐得依据学习任务与学习目标，整体规划自己的学习，课文反而变成了完成任务的学习资源。原来依靠老师讲解，现在变成了自己研读。小沐忽然发现自己的主动性增强了，不是等着老师提问，而是自己在阅读文本中根据任务发现问题。

当然，在学习任务书中，老师提供了很多学习工具，比如文本信息的整理表格、文本结构的梳理思维导图、写作的量规，等等。

这个单元主要学习现代诗歌，其中有一个关键任务是写一首和青春主题相关的现代小诗，小沐便是借助老师提供的诗歌写作评价量规完成了这个任务。

在学习的过程中，小沐与小组同学合作完成了诗歌意象的梳理，大家经过讨论达成一致的意见，由小沐执笔，共同完成了一份漂亮的现代诗歌意象的海报，等待展示交流时汇报。

当然，小沐在阅读文本完成任务的过程中会遇到很多问题。有些问题小组讨论可以解决；有些问题解决不了，就写在小条上或者在网络平台的论坛里提出。在论坛里老师会回答问题，并且会着重讲解一些共性的问题。

在学习的过程中，小沐常常会忘记老师的存在，而老师也像一个学习者，会不时地参与到一个小组的讨论中。

小沐渐渐发现自己的角色发生了变化，从过去的"要我学"慢慢转向了"我要学"，而且自己有足够的空间来安排自己的学习。小沐完成任务比别人快，于是她又阅读了老师提供的与单元学习主题相关的拓展书籍。

小沐觉得这种学习方式很适合自己，而且为自己将来进入高等学府乃至步入社会都奠定了良好的基础。但小沐也担心自己的语文基础知识如何落实，因为没有像过去那样老师给画重点词语、讲解重点语句的情况了。对这个问题，小沐准备和老师私下交流一下，看看老师会有怎样的建议。

三、教师的设计视角

通过小沐同学的项目式学习经历，我们了解了一个学习项目究竟是如何展开的。为了让读者诸君更清晰地了解基于标准的语文项目式学习是如何实施的，我们再从教师的视角来梳理一下。

第一，教师团队要根据前几章所述的步骤和原则，开发学习任务书。这不同于以往的教师备课。如果过去仅关注每一课时如何设计，那么现在需要关注的是每一个学习单元如何设计，而且若干个学习单元应形成恰切的逻辑关系。

教师的备课重点已经不是像之前那样关注文本的深层解读，而是关注学生如何学习。所以，备课已经不是教师一个人能够独立完成的，需要团队一起贡献智慧，开发出符合学生实际的学习任务书。

教师需要阅读大量的相关资料，分工开发学习工具，设计各种评估量表，为学生搭建一个良好的学习平台。

第二，教师要根据学习单元的重难点、学习任务的复杂度以及学习资源的难易度确定学习时长。课堂已经不是按照一课一课的方式呈现（当然表现出来的仍是一节节课），而是一个较长的学习链，也许是一周或者两周，乃至三周。

在这一过程中，既要留给学生自我学习、研读的时间，以方便不同学习风格的学生采用不同的学习进程，还要确定重要的时间节点，以便解决共同的问题或者进行展示交流。（见图9-3）

换言之，教师应具有强烈的课程意识，而不是割裂地上一节一节课。华东师范大学周彬教授说："当把课堂教学肢解成一堂一堂的课，看起来让课堂教学变得更具体了，也寻找到了提高课堂教学效率的捷径，但当每一堂课都各自为政时，当每一堂课都把自己的完善与完美作为教学目标时，我们得到了一堂课甚至每堂课的美好，却失去了学科课程的完整性和系统性，或许这才是课虽好但却得不到好成绩的原因。"[1]当然，我们尚不能证明这样的课堂是得不到好成绩的原因，但至少这样的课堂欠缺课程意识。

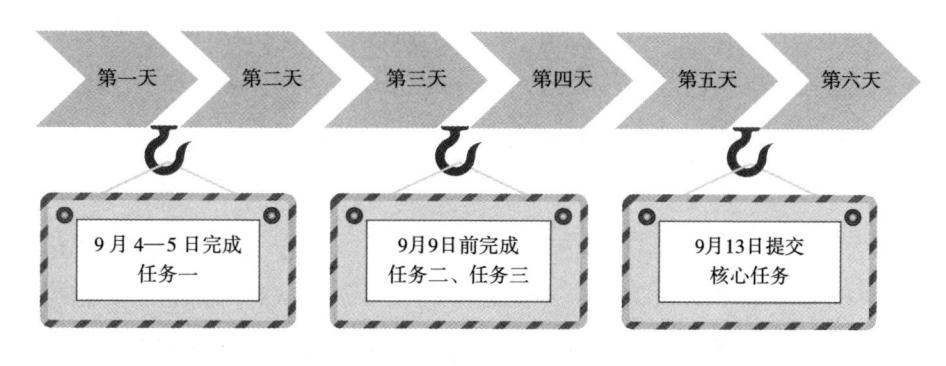

| 第一天 | 第二天 | 第三天 | 第四天 | 第五天 | 第六天 |

| 9月4—5日完成任务一 | 9月9日前完成任务二、任务三 | 9月13日提交核心任务 |

图9-3　学习节点

第三，教师将开发好的学习任务书提前发给学生，让学生打印出来或者帮助学生打印出来。另外一种方式，就是建立一个网络学习平台，将所

---

[1] 周彬.把课堂"串成"课程[J].上海教育，2017（12）：64—65.

有资料发到平台上（关于学习平台的架构后文详述）。这一点需要教师格外关注，因为传统的教学并不需要学生打印学习任务，学生只要带着书本来到课堂上即可。而现在学生要在一个较长的学习链条中学习，任务书是学生随时需要翻阅的，所以采取演示文稿播放的形式并不合适。

第四，在真正进入学习前，教师需要为学生解读学习任务书，包括本单元需要达成的学习目标以及达成目标需要完成的学习任务，并且提示学生如何使用学习资源（如教材上的课文），以及学习工具的使用方法等。在此过程中，教师需要解答学生可能存在的疑惑。学生通常会对最后达成任务的表现方式存疑问。

第五，教师指导学生仔细研读学习任务书并翻阅、检视学习资源，学生开始制订自我学习规划。这一步至关重要，会对学生的学习习惯与学习效率产生重要影响。制订自我学习规划本身就是学习的一部分，学生已经开始初步审视学习内容，大致了解学习最后形成的结果。初期开始，教师可以对学习规划进行评价、展示，让学生明白一份好的自我学习规划应该具备哪些特征。

第六，学生进入学习。此时，教师一定要耐得住，不能总是想控制课堂，不能总觉得不讲点儿什么就对不住课堂似的。我们要记住一句话：课堂是学生学习的地方，不是教师表演自己才华的地方。我们要将学习的时间还给学生。

在这之前，教师可以将学生分成几组，4—6人一组较为合适。可以采取随机分组的方式，每一个学段或者每一个学习单元调换一次，这样可以培养学生的合作、沟通能力。桌子的排列可以打破纵横排列的方式，以组内成员相对集中为好。如此，既可以单独学习，也可以及时形成小组讨论。而且每个小组可以给自己小组命一个有语文味道的组名，比如"浪淘沙""相见欢"等。每个组的组长可以随机抽取，下次轮换。

第七，在学生学习的过程中，教师要管理学生的学习，包括观察学生的学习状态，研究、总结每个学生的学习风格与学习路径。教师还应进入一个小组参与小组讨论，了解学生在学习中遇到的困难和障碍。教师还要通过各种方式将学生遇到的问题收集起来，或张贴出来以寻求解答，或对共性问题进行集中讲解。我们并没有否定教师的讲解，但教师的讲解一定是基于学生的问题或者学生尚未意识到的很重要的问题。就如孔子所说："不愤不启，不悱不发。"教师还要根据学生的学习状况，及时提供新的学习支架和过程评测。

第八，在某个重要节点后，教师需要组织学生进行阶段成果汇报。在学生汇报过程中，教师需要恰当评点，指出学生作品的优点和需改进之处。

第九，在一个学习单元结束后，教师需要结集学生的作品，或者印刷成册，或者以电子版的形式进行一定范围的传播，让学生的学习看得见。

由上观之，在从教到学的转变中，教师的角色并没有被弱化，而是更加清晰化、专业化。学生学习的过程是基于标准与任务的自主建构过程，当然也是教师价值引领的过程。

我们很难相信没有教师的引领和学习过程的管理，学生能够保证在学习的方向性和有效性方面不出差错。所以，教师应该不断强化的不仅仅是自己的专业能力，还有针对学习的领导力。

当学生的学习没有方向时，教师应为其点一盏明灯；当学生对学习心生倦怠时，教师应为其加油鼓劲；当学生"误入藕花深处"时，教师应适时引导其走上正途；当学生需要工具时，教师应随手递上一架梯子。

总之，教师是帮助学生发现更好的自我并成为那个更好的自我的"摆渡人"。

【案例叙事之九：编写古代诗歌学习手账】

高中语文必修上第三单元是一个古代诗词单元，"本单元汇集了不同时期、不同体式的诗词名作"（见单元导语）。针对这些古代诗词，教材安排了三个学习任务：

从本单元选择一首诗词，查找相关资料，探讨诗作的内涵，思考对你有怎样的启示，与同学交流。

组织一次班级诗歌朗诵会，体会古诗词的音韵美。

选择一首诗词，就感触最深的一点，写一则800字左右的文学短评。

每一个任务似乎都有其价值：第一个任务是让学生明白知人论世是进入诗歌的一种重要的方法，第二个任务是体会诗歌的音乐性，第三个任务——写作则是让学生对诗歌的艺术匠心做一点深入的理解。

但显然每一个任务均缺乏驱动性。换言之，对学生的学习尚欠缺可操作性。我们尚迷惑于对这8首诗词究竟如何处理。显然对以上三个任务教师感觉并不踏实，即使每一个任务学生都很好地达成了。因为教师希望学生对这一单元所呈现的8首诗词都能有所涉及，而不是单挑一首。当然，这也就给教师个性化的任务设计提供了空间。

我们且确定学习目标：

1. 能够在初步感知所读古诗词的基础上，根据自己的阅读经验，按照合理的标准对所读古诗词进行分类判断。
2. 能够借助词语的隐含义准确理解诗词的思想感情。
3. 能够较为完整、简洁且准确地阐释所选诗词的思想感情。

学习目标集中在对诗歌的理解上，暂没有涉及鉴赏。确定学习目标的一个关键就是，学习者应在这个学习单元中达成这些目标。所以，在我们写下学习目标的时候，就应该想到如何去实现这些目标。

本单元的学习材料按照时代可以分成三组，且每一组都有较为相似的主题。

第一组：魏晋诗歌（四言、五言）表达理想追求。

《短歌行》（曹操）。

《归园田居》(陶渊明)。

第二组：唐代诗歌（古体诗、近体诗）抒写人生际遇。

《梦游天姥吟留别》(李白)。

《登高》(杜甫)。

《琵琶行》(白居易)。

第三组：宋代诗词怀古伤今及抒写个人遭际。

《念奴娇·赤壁怀古》(苏轼)。

《永遇乐·京口北固亭怀古》(辛弃疾)。

《声声慢》(李清照)。

那么，我们如何实现这些学习目标呢？

当然不是靠教师去讲解，而是让学生动起来，参与有意义的学习活动。

核心任务：编写自己的诗词学习手账（指向理解）。

现在的学生对"手账"这个词并不陌生，它源于日本，指经常带在身边，记载心想、要做、怕忘的各种事情的小型记事本，并且常常配以插图、贴画等修饰物。我们借鉴制作手账的做法，编写一本适合自己的诗歌学习手账。

教师通过设计子任务让学生明白一本诗词学习手账应该包含的最主要的内容。当然，这也是教师希望学生要达成的学习任务，而所有的任务都集中在对诗词内容的理解上。

子任务一：判断单元组合逻辑。

浏览本单元的学习资源，请推测本单元的组合逻辑。即思考：为什么编者选择了这8首诗词，有没有一个自洽的内在逻辑？如果有，是什么？除此之外，你还发现了什么？

请用一张图来说明你的发现。（小组合作完成，然后在全班汇报展示）

我们需要让学生站在教科书编者的角度来审视单元组合的逻辑，真正实现用教材来教、用教材来学的追求。

子任务二：聚焦阅读方向。

如果从理解的角度对所给出的诗歌重新进行分类，你会确定一个怎样的方向？

请从 8 首诗词里选出 4 首归入你所确定的类别，并给出入类的理由。再补充 1—2 首符合你所确定的类别的其他诗词。

分类比较是非常重要的思维方式。特别是在语文学习中，让学生习惯分类比较，学生就会慢慢突破单篇文本的局限，进入一个更加广阔的空间。通过分类比较，学生对所阅读的文本也会有更加深入的理解。（参见表 9-1）

表 9-1　子任务二

类别及主题词	入选诗词	入类缘由	每首中最能体现本类别的一句	补充诗词

子任务三：深入诗词内核。

1. 细读你所选定的 5 首诗词，每首找出一个富有隐含义的词语，并做解释。如"羁鸟"，表层义指被关在笼中的鸟，隐含义为喻指陷身于世俗束缚中的诗人自己。

2. 每人从 5 首古诗词中挑选一句你认为最具画面感的诗句，用散文化的语言描述自己想象出来的画面，并写出选择这句诗的触发点。

　　3. 用一句话概括这5首诗词各自表达了怎样的思想情感，并说明与刚才挑选的最具画面感的诗句的关系。

　　4. 针对每首诗词提出一个到现在为止还不能理解的问题。

　　任务明确之后，剩下的便是给足学生完成手账的时间。你会看到一张张富有特色的手账，而教师所确立的学习目标也在学生的活动中得以完成，因为确立任务之后，你都可以预先看见学生的学习成果。

　　我们一直倡导让学生的学习看得见，因为只有看得见的学习才是可评估的学习。假如仅仅是教师讲解，学生听讲，那么我们实在无法确定学生的头脑中究竟发生了什么，因为其学习结果不能立刻呈现出来。

　　然后，教师为学生的学习提供各种辅助材料。比如：

1. B4纸若干张，发给每组一张。

2. 便利贴若干。让学生将概括诗歌的一句话写在便利贴上。

　　我想，这样的课堂真正是学生学习的课堂，而教师也会享受这样的课堂。

第十章 网络学习平台的搭建

一、网络学习平台的现实性

现在，我们基本上以教室为物理环境开展教学与学习，但一旦将以单元为单位的学习展开，课堂就仅仅是学习环境的一部分，而不可能成为其全部。因为学生的学习进度可能不一样，在同一时间内学习的内容也可能不一样，学习成果也可能在不同的时间提交。

在一个学习单元中，每一个学生的学习节点和方式都有可能不同，而我们的教学就应该为这些不同提供合适的且富有支持性的学习环境。

当然，我们可以拓展现在的物理环境，建设一个广义的学习社区，类似具有阅读、观影、讨论、演讲等功能的综合学习环境，然后根据环境的不同功能配置相应的支持学习的各种资源。然而，这并非一个教师或者一个学科组所能完成的，需要学校整体改进学习环境，建设一个学习社区。

我们可以做到的是搭建一个网络学习环境，从而实现物理学习社区所能承担的各项功能。身处网络世界，如果我们不利用网络来拓展语文学习环境，那就颇有工业时代仍坚持牛耕之味了。网络平台可以让我们的课时学习延伸开去，像流水一样不会间断，直至流入湖泊大海。尤其是突如其来的新冠肺炎疫情，让我们意识到线上教学有线下不可替代的功能与便利之处。而在未来的学习样态中，纵然学校是必不可少的物理学习环境，但网络虚拟学习环境必将扮演非常重要的角色；因为它能够超越时空的限制，让学生可以在任何合适的时间里展开学习。

我们无法预估未来的线上学习环境究竟具有怎样的功能或者会以怎样的样态呈现，至少我们现在可以依据已有的条件搭建一个适合基于项目或任务进行深度学习的网络学习平台。

我们完全可以依托技术人员开发一个半封闭的线上学习平台，其需要的功能并不复杂，但足以支撑我们将线下的学习与线上环境连接起来。

二、网络学习平台的架构

基于任务的学习的基本原理，我们可以如此架构一个网络学习平台（见图10-1）：

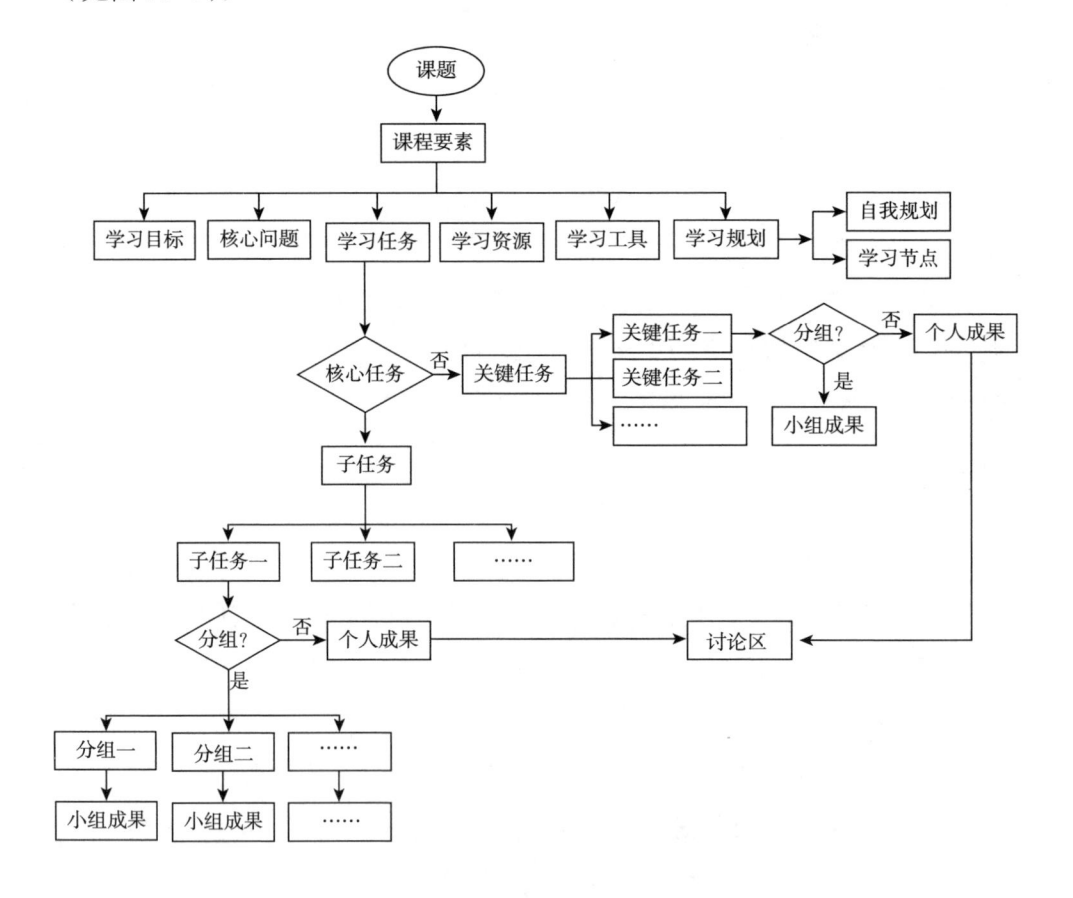

图 10-1　网络学习平台架构

首先，我们用一个界面整体呈现项目式学习的基本要素，让学习者大致了解一个学习单元会包含哪些部分，而这些部分将在每一个学习单元呈现。

然后，学生可以任意点击要素图标，进入相应的栏目，了解学习目标以及将要完成的学习任务。当然，在以后的学习中，学生可以随时进入相应的栏目温习，而不需要询问老师，除非尚有其他不解的问题。

三、学习平台设计的注意事项

需要注意的是，在学习规划栏目中，设计者应该提供若干良好的模板供学生选择，当然，简单的方式就是提供一个日程规划表。不过，一个有趣的自我学习规划图表会增加学生不时查阅的兴趣。一个良好的单元自我学习规划至少应该包含以下几个部分（见表10-1）：

表 10-1 单元自我学习规划表

日 期	阅读内容	将要完成的任务	完成打卡	未完成的补救
星期一				
星期二				
星期三				
……				

进入学习任务，会有核心任务说明。核心任务是一个贯穿始终的任务，要完成核心任务，又需要若干子任务来支撑。所以，核心任务下应有各个子任务的说明。当然，如果任务需要分组完成，在这个网络学习平台的架构中就要出现一个小组组合的模块，最后提交小组的合作成果；如果没有需要合作完成的任务，那就直接提交个人成果。

不过，不是所有的学习单元都能设计出一个良好的核心任务。如果遇到设计不出良好核心任务的情况，我们就可以设计若干关键任务，这样在网络平台上就呈现关键任务的说明。同样，如果需要小组合作，便转到小组任务栏目；如果不需要小组合作，那就提交个人成果。

所以，在设计核心任务或者关键任务的板块时，应该具有较大的开放性，平台要素可以让教师自己设计增减，而不能事先完全固化。学生提交学习成果时，可以选择"完全可见"或"仅教师可见"，这样可以避免某些学生不愿意其他同学看到自己作业的忧虑。

其他诸如学习工具、学习资源等板块，可以上传各种形式的资源，如可编辑的表格、文本文档、图像、音频以及视频资源。文本文档学生可以直接点开浏览，而不一定要下载到本地。

对学生上传的学习成果，应该有一个自动收集的功能。亦即在自己的档案里，学生可以看到自己的每一项作品按照时间的顺序呈现，这样学生可以清晰地看到自己的学习痕迹，从而增加学习成就感。当然，对学生提交的学习成果，教师可以做多种评价，如等级评价、分数评价或者文字评价。总之，这一板块应该有良好的互动功能。

最不能缺少的一个板块应该是讨论区。讨论区如同一个自由的沙龙或者论坛，供学生随时将自己的疑问或者心得写在这里，以便让教师和同学看见后能够及时反馈，而这样的反馈又是无限延伸的。在学习的过程中，或者在完成规定学习任务的过程中，学生会遇到诸多问题，或者有一些新奇的想法想与同学、老师交流，讨论区便是他们的一个开放的交流平台。我以为这样的平台有时要比课堂上的讨论更有意义，因为课堂上的讨论是即时性的，讨论中的许多想法和思考随着下课便会消失，学生无法回看。而若在讨论区交流，学生的思维就是可见的思维，而且对问题的讨论也不受限于课堂短暂的时间，具有无限的延展空间。只要学生与老师对这个问题有新的想法，就可以随时在讨论区发表。这个板块并不复杂，简单来说就是一个论坛，但它确是一个重要的板块。

当然，并不需要语文教师自己去搭建这样一个网络学习平台。不过，如果和网络技术人员合作开发的话，我们至少应知道自己需要什么。我们可以为网络技术人员勾画一张学习平台的架构蓝图。

【案例叙事之十：我来写熟悉的劳动者】

高中语文必修上第二单元是一个有关"劳动"主题的单元。编者试图通过文本的阅读以及若干专题活动来让学生深入体会"劳动最光荣,劳动最崇高,劳动最伟大,劳动最美丽"的思想,以形成正确的劳动观念。

本单元呈现了三篇人物通讯,分别介绍了袁隆平、张秉贵、钟扬三个杰出劳动者的模范事迹;一篇新闻评论,围绕"工匠精神"谈了其与时代品质的关系;另外又选取了两首古诗,一首《诗经·芣苢》,一首南宋杨万里的《插秧歌》。

虽然教材设计了四个学习任务,但这四个任务之间尚缺乏一个明确的逻辑关系。我们能否用一个核心任务将若干学习任务贯穿起来呢?也就是说,我们应尽可能让若干阅读任务为一个核心任务服务,形成一个有机的整体,而不是彼此分割的几个任务。

这且按下不表,我们先确定学习目标:

- 能够对劳动精神、劳模精神、工匠精神等概念有深刻且形象的认识,而不是仅仅停留在概念上。
- 能够理解通讯报道中的议论与立场是建立在事实基础上的,而不是主观倾向。
- 能够基于对劳动精神的深入理解创作一篇"我所熟悉的劳动者"新闻通讯。

本单元需要学生思考的核心问题是:

在自动化程度越来越高的现代社会,工匠精神是否还有坚守的必要?

本单元的学科大概念可以是：

> 面对某个事实或问题，叙写、评论的角度不同，文章面貌往往迥异。

这可以让学生明白作者的立场与文章内容的关系。

因为是新闻通讯专题，于是，我们可以将核心任务确定为创作一篇关于劳动的新闻通讯。

> 采访一个你熟悉的劳动者，创作一篇不少于 2000 字的人物通讯。

首先，我们让学生思考一下，要完成这个学习任务，你需要做哪些准备工作。

第一，你需要采访一个熟悉的人。采访的话题一定与劳动相关。那你了解劳动精神的具体含义吗？

于是，就要思考下一个问题：

第二，仔细研读教材所提供的三篇人物通讯以及两首古代诗歌，总结劳动精神体现在哪些方面。这个任务如果完成了，那采访就有针对性，或者说面对被采访者众多的事迹、感想，你就知道如何选材，如何剪裁。

接下来，就需要思考第三个问题：

第三，重新研读三篇人物通讯，看其大致的架构：标题有怎样的特色？文章有没有小标题？小标题起怎样的作用？文章各部分之间是如何架构的？先后顺序能不能调整？文章中除了叙述、描写之外，还有什么？如何体现作者的立场？

第四，你要模仿哪篇文章？

这一系列准备工作，其实就是学生将要完成的若干子任务。由此观之，子任务是一系列彼此关联且都指向核心任务的学习任务。

子任务一：感受劳动之乐

学生阅读两首古诗，完成以下表格即可。（见表 10-2）

表 10-2　子任务一

《芣苢》与《插秧歌》仍存在的问题	
两首诗各自的主人公是谁？两首诗各自描述了怎样的劳动场面？	
如果用一个词语来概括，两首诗共同体现了劳动的什么特点？	
如果你要写一篇以劳动为主题的文章，两首诗可以证明什么观点？	

这个任务的目的就是让学生了解劳动是快乐的，但快乐并不意味着轻松，而是因为收获了劳动果实，从而表现出发自内心的快乐。

子任务二：归纳概括劳动精神与作者的立场

同样，提供一个表格工具，让学生在阅读文本时仔细梳理。（见表 10-3）

表 10-3　子任务二

课文	主要事件	劳动精神	作者立场
《喜看稻菽千重浪》			
……			

子任务三：编写劳动小词典

在梳理有关劳动的精神品质的基础上，至少选择八个最能体现劳动精神的词条，分组编写一页劳动词典。这一页劳动词典应该包含以下内容：词条、释义、例证。

完成后，各小组张贴展示本组的小词典，其他同学评阅、赏析，为自己喜欢的小词典贴上一朵小红花。然后，对收获小红花最多的一页小词典，在教师的指导、评价下，分析其优缺点。

接下来便进入核心任务：

> 采访自己熟悉的劳动者，写一篇人物通讯，不少于2000字。

这个人物可以是自己的父母亲，爷爷奶奶、姥姥姥爷，也可以是熟悉的保洁阿姨、门卫、老师等。

写作前，学生需要对自己已有的材料进行梳理、加工。教师提供一个梳理工具（见表10-4），并对某些学生的梳理工具进行讲解，力求使学生写的人物通讯合乎要求。

表10-4　一个梳理工具

一、我将要书写的对象及其从事的职业	
二、根据已有的材料，我准备表现他/她的这些劳动精神品质	
三、我准备从以下几个方面来表现	
四、我准备模仿的人物通讯报道是	
五、我还要进行访谈，进一步了解的是这些方面	
六、我准备给自己的新闻报道起的标题是	

至此，一篇关于熟悉的劳动者的人物通讯就呼之欲出了！

第十一章 语文教师的角色定位

一、语文教师的角色定位

在《教与学的实施》一章中，我们已经基本明晰了教师在语文项目式学习中所承担的具体任务。

语文教师的角色，概言之，就是学习任务的设计者、学习过程的领导者、学习结果的评估者。

如果我们对这些概念仍比较陌生的话，且看看一个不成功的语文教师会有怎样的表现。

其一，没有任务设计的意识，仍是占据课堂，以教师的讲授为主，偶尔夹杂教师的提问，而提问质量也是较低的。这样的课堂很难调动学生的积极性，学生的学习处于被动之中，大量的碎片化讲解充斥学生的头脑。这样的课堂肯定是不成功的课堂，因为仅仅是以所教知识为对象，而忽略了学生学习的过程。

其二，有任务设计的意识，但囿于之前的问题经验，很难从"问题——回答——订正"这样的环节中脱离出来，徒有任务的外表，而无任务的实质。所以，最终呈现出来的任务不过是过去教学设计中的各个问题而已。任务可以是一个问题，但这个问题一定具有驱动性，能变成一件可以去做的事情。比方说，"这句话的含义是什么"便不能成为一个任务，而"假如你起了一个古代名人的名字，会有怎样的故事"就是一个学习任务。

其三，对任务的结果没有预估，仅仅是设计了任务，然后抛给学生，至于结果，悉听尊便。如此，教师对学习任务成果的诞生便不具可控性。所以，教师对自己设计的每一个学习任务在难度与深度上一定要心里有数。虽然不能做到学生的每一个学习任务都先做一遍，但至少一些承载核心任务的子任务（基础任务），要完成一遍，以预估学生会花费多长时间，会遇到哪些障碍。简单地说，如果教师提供了一个表格工具，那么教师自己应该先完成这个表格。

其四，在以学习单元为单位的任务群学习中，仍以单篇教学为主，不能建立文本间的关联、对比。我们并非彻底抛弃单篇教学，但单篇文本一定是处于主题学习单元这个大的坐标系中，与其他文本构成一个有机的整体，从而给学生建构一个具有思维广度与深度的语文世界。统编语文教材已经发生了巨大的转变，基本脱离了单篇文本教学的格局，但仍有不完善的地方，如果我们不能跟上乃至超越统编教材的思想，那我们将落后于时代。教材中的文本是重要的学习资源，而不是目的。

其五，不会即时提供学习支架，不善于制作评估量规。作为一个学习的帮助者，教师必须根据学习单元的不同环节，适时提供各种支撑学习的学习支架。这将是教师未来的重要技能之一。一个不会制作学习支架的教师，自己可能就是一个不善于学习、不善于借鉴优秀经验的人。因为有很多实用且新颖的学习支架，只要我们有心，就可以在某些书上找到。某些网络介绍了大量实用的学习工具，也可供参考。另外，不善于制作评估量规将是我们设计学习任务时的一个重大缺陷。如果之前我们习惯在单元学习后有一个单元检测这样的评估的话，那进入语文项目式学习之后，学生的自主性得到巨大展现，而此时各种适配子任务的评估量规就会发挥重要作用。我们必须让学生明白，一项任务在各个规定的维度做到什么程度才算合格以至优秀，而这并不是一个终结性的测试所能完成的。

以上这些可能是语文项目式学习中教师必须具备的能力。当然，前提是我们已经具备了这样的思想，秉承以学为中心的课程理念。

二、语文教师的专业能力

也许有老师会问，那教师的专业性呢？语文教师过去引以为豪的对文本深入细致的分析能力将如何体现呢？在以学为核心的教学流程中，总有教师觉得自己无用武之地，觉得自己对文本的深刻理解无法向学生传达，没有了过去那样酣畅淋漓地面对学生演讲的沉醉。

对这样的遗憾,首先,我们要清楚学习是为了让学生学会学习。关于这一点,吕叔湘先生在《叶圣陶语文教育论集·序》中写道:

> 过去的第二点错误认识是把语文课看成知识课,看成跟历史、地理或者物理、化学一样,是传授一门知识的课,因而要以讲为主。在读文言文的时代,自然逐字逐句大有可讲,到了读白话文课本,就"从逐句讲解发展到讲主题思想,讲时代背景,讲段落大意,讲词法句法篇法,等等,大概有三十来年了。可是也可以说有一点没有变,就是离不了教师的'讲',而且要求讲'深',讲'透',那才好。"(110—111页)我想,这里头或许有个前提在,就是认为一讲一听之间事情就完成了,像交付一件东西那么便当,我交给你了,你收到了,东西就在你手里了。语文教学乃至其他功课的教学,果真是这么一回事吗?"(112页)[1]

叶圣陶先生还说:"我近来常以一语语人,凡为教,目的在达到不需要教。以其欲达到不需要教,故随时宜注意减轻学生之倚赖性,而多讲则与此相违也。"[2]诚哉斯言!仔细读读这些朴实的语言,斯人虽远去,但其对语文学科本质的揭示,无不振聋发聩。

但这并不意味着教师专业性的缺失。正相反,核心任务或者关键任务的设计,需要教师极强的专业引领。加拿大的马克斯·范梅南说:"从某种意义上说,老师就是他所教授的知识。一个数学教师不仅仅是碰巧教授数学的某个人,一个真正的数学教师是一位体现了数学、生活在数学中、从一个很强的意义上说他本身就是数学的某个人。"[3]将这句话改变一下,那就是:"一个真正的语文老师是一位体现了语文、生活在语文中的教师。"

---

[1][2] 叶圣陶. 叶圣陶语文教育论集[M]. 北京:教育科学出版社,2015:3,523.
[3] 范梅南. 教学机智:教育智慧的意蕴[M]. 李树英,译. 北京:教育科学出版社,2014:75.

苏霍姆林斯基在《给教师的建议》中说："教师所知道的东西，就应当比他在课堂上要讲的东西多10倍、多20倍以便能够应付裕如地掌握教材，到了课堂上，能从大量的事实中挑选出最重要的来讲。"[①]

虽然我们现在并不是在课堂上滔滔不绝地讲，但如果一个语文教师对整个学习单元的文本内容及其所体现出的价值（知识价值、能力价值、审美价值、文化价值）不能准确而有深度地把握，我们就很难相信他会设计出恰切的任务来。即使采取"拿来主义"，也未必能对他人所设计的核心任务有深刻的理解。我们应该以教师的学术性去引领学生的学术性，从始至终使学习在高阶思维下运行，而不是没有多大效率的低端重复。所以，教师必须始终保持一种研究的精神，以学术的态度面对诸多学习资源，特别是教材上的课文，更应以文本细读的态度深入挖掘、质疑，决不抱着已经教过很多遍的心态轻视文本。很多时候，教师对文本没有自己的见解，只是照搬参考书或者网络上的一些评价解读，然后贩卖给学生。不得不说这是一件非常遗憾的事情，语文教师的专业瓶颈绝不应该出现在对文本的深入理解上。

所以，在当今时代，语文教师不仅是学习的设计者，还应该是专业的阅读者。常言道："活到老，学到老。"语文教师应该是这句话最好的诠释者。而且，教师的阅读既是为了不断提升自己的专业学识，更重要的是为课堂教学做毕生的准备。

苏霍姆林斯基在《给教师的建议》中说到一位历史教师，言其对某一节课他准备了一辈子，而且他对每一节课，都是用终生的时间来备课的。

> 怎样进行这种准备呢？这就是读书，每天不间断地读书，跟书籍结下终生的友谊。潺潺小溪，每日不断，注入思想的大河。读书不是为了应付明天的课，而是出自内心的需要和对知识的渴

[①] 苏霍姆林斯基.给教师的建议[M].杜殿坤，编译.北京：教育科学出版社，1984：222.

求。如果你想有更多的空闲时间，不至于把备课变成单调乏味的死扣教科书，那你就要读学术著作。[①]

实际上，不仅仅是读书，还要去做文本细读，去做研究，并撰写读书笔记，养成良好的阅读、思考习惯。这将潜移默化地影响学生，而且也不枉自己良好的大学专业训练。

下一章所呈现的数则阅读札记，一则体现笔者在教学过程中对文本细读的一些粗浅思索，二则亦践行教师还应以其学术引领学生的学习之理念，供读者诸君批评。

[①] 苏霍姆林斯基.给教师的建议[M].杜殿坤，编译.北京：教育科学出版社，1984：7.

第十二章 文本细读：札记五则

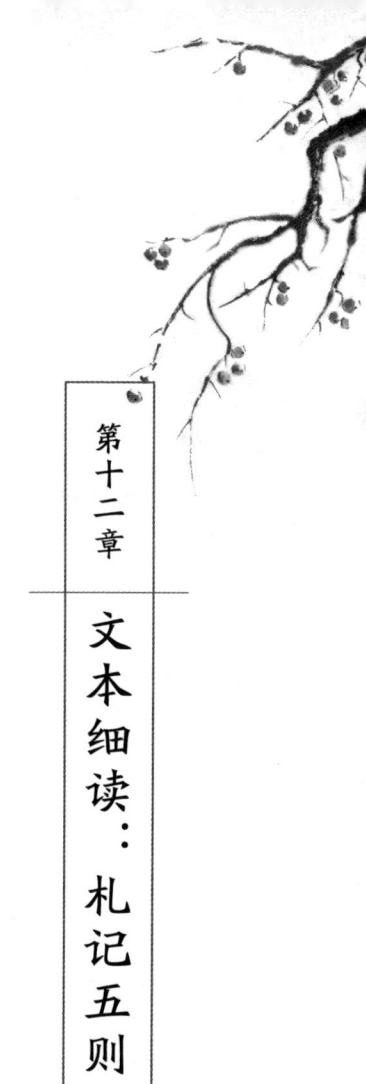

一、《孔乙己》的叙事视角

因为做老师的缘故，于是一些作品就会不断地去读。然而，因了自觉的原因，于是每一次读都觉得是新的一般。这一方面说明作品本身具有永恒的多解特性，另一方面亦说明作为读者的我并未堕落。

"孔乙己是这样的使人快活，可是没有他，别人也便这么过。"鲁迅这样写道。实际上，这个世界上没有任何一个人，别人也便这么过。你以为你同情了孔乙己，于是你就有了莫名的优越感，岂不知那上帝正同情了世人，以悲悯的眼光看了芸芸众生。

于是，作为读者，我们在审视了文本的同时，是否也审视了自我？

且听我先从叙事的角度来慢慢分析。

小说以第一人称展开。我们知道，中国古典小说中，几乎没有第一人称的叙事模式（说几乎没有，是因为我才疏学浅，读书不多，在我有限的阅读范围内，不敢贸然下了结论）。

我们看到的多是上帝视角，或者说，说书人扮演了上帝视角，无论是章回小说结尾处的"欲知后事如何，且听下回分解"，还是宕开一笔之"花开两朵，各表一枝"，无不显示了说书人的全知全能。我一直没有意识去深入研究何以会形成这样的叙事模式，也许和封闭的地域有关，但假如有人忽然突破了这种耳熟能详的叙事模式，我们会有一种新奇感，我们第一次觉得窥探了他人的内心。

从来没有一种他叙的方式会比自述更能撩动人的窥探心理。"他心下想到"总有一种隔阂，因为你潜意识里会觉得，凭什么说他心下是这么想的。而如果说"我想"，你便无力去否认。

鲁迅的了不起之处，我以为就是他一开始写小说，便使用第一人称。而这第一人称应该是破天荒第一遭，从而使他具备了开拓者的特质。中国古典小说从来是讲他人之事，讲故事者从来不在其中。这样讲的一个好处就是可以任意褒贬人物，传达弃恶扬善之理。若讲自己的故事，其中便有一个难处，若自己是一个道德高尚者，未免恬不知耻；若自己是一个道德卑下者，谁又肯牺牲自己？所以，用第一人称来叙事，大约会有诸多风险，于是借他人之酒杯，浇自己之块垒便是常用之法了。而且中国传统的叙事模式好像也喜欢这样的全知视角，一览无余。有时候我看古典小说中的绣像画，很少有立体感。因为没有立体感，所以也缺失一种遮罩。你会看到院子，看到里边的房子，也会看到房子里边的人。画者好像不会想到有一个透视的角度，就那样直接看过去，给你一个平面、立体分不清的感觉。

而第一人称则是限制性的视角，有许多内容读者是看不到的。当然，并不是说第三人称就一定是全知视角，写得比较现代的亦有第三人称限制性视角。比如，《红楼梦》中黛玉进贾府一回，便是以黛玉的眼睛看荣国府，黛玉看不到的，我们读者自然也看不到。

然而，使用第一人称绝非简单的视角转换问题。一个"我"字承载着隐秘的心理活动，其中自然脱不了写作者的影子。这也就是为什么中国古典小说很少有心理描写的一个原因。从叙事学的范畴来看，叙述者与写作者无必然的联系。正如我们不会认为"1801年，我刚刚拜访过我的房东回来——就是那个将要给我惹麻烦的孤独的邻居"中的"我"是艾米莉·勃朗特。然而不可否认的是，很多读者会身不由己地将"我"与写作者联系起来，何况"我"与写作者亦有千丝万缕的联系呢！于是，透过"我"，你大可以窥测写作者的心理。于是，最初的写作者大约会尽量避免让人去猜测文中的那个"我"与自己有多大的关系。

作为新文化运动的启蒙者，鲁迅从他的第一篇小说《狂人日记》开始便采用第一人称。当然，这也是新文学史上的第一个"我"。但是仔细研究起来，这个"我"纷繁复杂，未尝不是鲁迅先生写小说时面临的纠结。于是，鲁迅创造了两个"我"，一个"我"好像鲁迅，正常去拜访朋友；而另一个"我"是一个精神病患者。然而，明眼人都知道，那个狂人"我"才是作者的影子。我并没有足够的证据来证明鲁迅开始写小说尽力避免让人将小说中的"我"与自己关联起来，只是总有种感觉存在罢了。

这样，到了他的第二篇小说《孔乙己》，依然是"我"，然而，这个"我"更加远离了写作者，因为鲁迅将他设定为一个十几岁的孩子。"我"是咸亨酒店的小伙计，"样子太傻"。如果小说还残存一点儿温情的话，那温情便在这点傻上。傻不是智商不高，而是不通世故，因为他连往酒里掺水也不会。故事便在这样一个小孩的视角下开始了。他会观察，但不会评价。他看出孔乙己穿着长衫却又站着喝酒，他并不知其中有多少尴尬与无奈。他以孩童的眼光看到孔乙己与小孩子们分享茴香豆的快乐和孔乙己的好笑。他以儿童的不成熟鄙视孔乙己教他学习写字的热情："讨饭一样的人，也配考我么？"他会看到后来孔乙己"坐着用这手慢慢走去了"。

我们且细究一下：为什么有时用第一人称会比用第三人称容易泄露人物的心理？因为在观察与叙述中你一定不是非常客观的。换言之，你不是一架照相机，只是拍画面。你在选择画面，你的有意或者无意选择都透露着你的隐秘心理。"我"看到了孔乙己与儿童分享茴香豆，是因为"我"有儿童的好玩的心理，而一个能与儿童游戏的孔乙己大约不是一个令人讨厌的人。"我"鄙视孔乙己的热情教字，如儿童一样年龄的"我"居然有莫名的优越感，就像那些短衣帮在孔乙己面前的优越感一样。这些莫名的优越感如病菌一般蚕食着国人的灵魂，让国人变成了一个个幸灾乐祸的看客。然而，因为"我"是儿童，所以残存的温情依稀可辨，"我"看到了孔乙己是用手在走路。所以，第一人称"我"的叙述，无论怎样客观，写作者的心理终究会泄露。而写作者也在这样隐隐约约的掩藏中体验着创作的快乐。

当然，不要以为鲁迅将"我"设定为一个十二三岁的孩子，于是"我"就与作者完全脱离了干系。他总会让你有意无意地感觉到"我"与他有着千丝万缕的关系。比如江南的鲁镇、有文化的小伙计、与穿长衫站着喝酒的孔乙己。周作人在《鲁迅小说里的人物》中便说，那孔乙己是真的存在的。

二、走近《红楼梦》：宝黛爱情

一部《红楼梦》，人物众多，头绪繁杂；事件虽不复杂，然而家常琐事，小儿女情状不一而足。初读的同学们往往读到后边的回目便会忘记前边的内容，因为它实在没有一个贯穿始终的故事来推动情节的发展。不像推理小说，由一个事件入手，抽丝剥茧，层层深入，故事代入感很强，读者貌似主动，实际上往往是被动地被作者拉入其中而欲罢不能，如同一粒泡腾片，投入水中，迅速进入状态，你仿佛被裹挟了一般融入其中。

而《红楼梦》则全然不是这样，它就像一幅《清明上河图》，徐徐展开。它采用的是散点透视，而不是西洋绘画中常见的焦点透视。于是，你很难聚焦在一个中心事件上。你读《哈姆雷特》，故事的焦点在哈姆雷特的复仇上，你只关心了哈姆雷特要不要马上行动就可以进入故事。而读《红楼梦》，你很难围绕中心人物的一个核心事件去展开画卷，就如同欣赏《清明上河图》一样。你只觉了满篇琳琅满目，美不胜收，好像从哪个点都可以看出一幅风景来。

实际上也确乎如此。

说得绝对一些（如曹公地下有知，千万不要怪罪），《红楼梦》你可以从任何一页翻起，都可以读到一个有趣的生活画面，而不用去了解前因后果，因为本也没什么前因后果。从这一点阅读感受上来说，颇像普鲁斯特的《追忆逝水年华》，我没有完成阅读的原因就在于这书好像可以从任何一页翻起读下去，其间也不会让你有翻阅前文寻找草蛇灰线、伏脉千里的冲动。

这大约就是惯于逻辑思维的理科生所不耐烦的地方吧。

然而，你却不能否认《红楼梦》的伟大，正如你不能否认《追忆逝水年华》的伟大；你只是怀疑自己的阅读趣味，因为高尚的东西总不是大众的，曲高和寡亦是不变之理。

当然,《红楼梦》并非如《清明上河图》那样简单,一目了然;不过若你循了两条踪迹,慢慢进入红楼,渐渐就会发现《红楼梦》并非你最初的那个印象——好像除了一群十来岁孩子的家长里短、你来我往,实在别无趣味。

列位理科生看官,你道这两条踪迹为何?一条便是贾府的盛衰线,另一条则是宝黛钗之间的情感纠葛线。你顺着这两条线,行走于大观园中,感受大厦将倾的无奈与万艳同悲的唏嘘。然则二三子行将登堂入室矣。

花开两朵,各表一枝。暂且搁下贾府从貌似烹油烈火般的鼎盛走向无可挽回的末世不谈,且说宝黛情感的发展。

写追求自由、惊天地泣鬼神的男女爱情故事,曹雪芹并非首创。除去诗歌不谈,只说故事与戏曲,便有唐传奇、元杂剧与明传奇等,比如《霍小玉传》《倩女离魂》《西厢记》《牡丹亭》等。但细究去,便会发现,这些故事大部分都遵循一个模式,即男女双方一见钟情,然后横遭阻隔,最终经过抗争,有情人终成眷属。即使是悲剧,大约也会有一个寄寓美好理想的结尾,比如化蝶啊,双飞鸟啊,等等,迎合了读者庸俗的大团圆心理情结。

何以有这样的故事模式?我以为这与中国传统的婚姻观有极大的关系,那便是儿女婚姻乃"父母之命,媒妁之言",男女主人公根本没有自我选择的机会。无论大家闺秀还是小家碧玉,总归是恪守妇德,大门不出二门不迈,哪里有与男子交往的机会!于是一旦外出游园,极容易一见钟情。《西厢记》中的张生和崔莺莺就是这样。这样,故事只能从这里开始,主人公很难有成长。后来的才子佳人小说,莫不遵从这样的叙事模式,越写越烂,大约只是文人的意淫罢了,看不出一点儿意义来。

《红楼梦》却不是这样。它的主人公在成长,其情感也在成长。

林黛玉与贾宝玉并不是一见钟情的,虽然好多人觉得像。宝黛初见是在《红楼梦》的第三回。那黛玉看见宝玉,便大吃一惊,心中想道:"好生奇怪,倒像在哪里见过的,何等眼熟!"宝玉看完黛玉,笑道:"这个妹妹我曾见过的。"好像远别重逢。即使有这样的细节描写,我们也不能断定两人初见就互生情愫。因为这样写一则是为了呼应前文神瑛侍者与绛珠仙草的故事，延续神界木石姻缘的熟悉感，二则宝玉、黛玉尚处于六七岁的儿童年龄阶段，情窦未开。这便是曹雪芹竭力要不落窠臼的地方。而小说开篇作者就借石头之口表明了立场："亦令世人换新眼目，不比那些胡牵乱扯，忽离忽遇，满纸才人淑女、子建文君红娘小玉等通共熟套之旧稿。"

所以，你进入《红楼梦》，不像看才子佳人小说直接看到两人一见倾心，剩下的就跟打妖怪似的一路克服重重阻碍，终成眷属。你看到的是两个青梅竹马的人，一个基于前世的因缘而有些多情博爱地遍施，另一个则敏感孤独，易生猜忌。你大可顺着这条线，一路感受他们或怒或喜、或嗔或乐的少年生活。不要以为这些都是爱情，青春的多疑与敏感是每一个少年都会经历的。这样的生活在《红楼梦》前八十回里占据了大约三分之一多。

而直到第二十九回"痴情女情重愈斟情"，那第二十三回共读《西厢记》时的朦胧才清晰化：友情变为了爱情。

中国古典小说向来缺乏心理描写，很少用大段的文字来揭示人物隐秘的心理。所以我们读者往往通过人物的动作、细节与话语的言外之意来揣测人物的心理。而在这一回中，曹雪芹居然用大量的语句细致刻画了人物的心理。我们不能不说这是曹雪芹对传统古典话本小说的重大突破。它就像莎士比亚戏剧中人物的内心独白一样，将自己最隐秘的情感呈现出来，它不是呈现给对方的，而是呈现给读者的。至此，我们明白，贾宝玉经过成长、选择，确定黛玉是他的唯一："凡远亲近友之家所见的那些闺英闱秀，皆未有稍及黛玉者。"

接下来，你才会担心他们会不会在一起。因为聪明的你也知道，宝玉、黛玉在爱情上有自主权，但在婚姻上却无法自主。于是，可以预测的悲剧气氛便笼罩在读者心头。此时，你再回头想想第五回的人物判词，那谶语一般的判词就已经开启了不祥的征兆。从这一点看来，又颇像古希腊悲剧，人无法逃脱命运的摆布。

三、《背影》的背后

父亲节，人们除了祝福自己的父亲之外，还翻出了朱自清的《背影》。开篇一句"我与父亲不相见已二年余了，我最不能忘记的是他的背影"便让读者潸然泪下，然而也不是所有人都理解朱自清。

我不知道《背影》是何时进入中学语文课本的，但比较清晰的是这篇文字一直存在于初中语文课本中。于是我所听到或看到的便会有种种搞笑场面。比如，学生读到"他用两手攀着上面，两脚再向上缩；他肥胖的身子向左微倾，显出努力的样子"时，便会哗然大笑。他们在试图脑补朱自清父亲那滑稽的样子，全然没有朱自清随后流泪的伤情。再或者学生提出疑问，认为朱自清父亲不遵守交通规则，随意乱穿铁道，这是很危险的一件事情。于是，一个悲情故事生生让学生读出了喜剧的味道。在文本的解读上，我称之为解构。这样若干教师为了防止意义解构，力图营造气氛，让学生走进文本，走进朱自清的内心。然而，文本从来是和生活阅历相关的。

所以，我一直并不赞同这篇文字进入初中语文课本，正如我不赞同鲁迅的《风筝》进入初中语文课本一样。在不当的年龄接触不当的文本，除了毁了这个文本的价值，别无他用。我曾经读到过一位名师给初二的学生上冯友兰的《人生的境界》，获得一片好评。我当时就觉得这是一件很悲哀的事情，因为这只能证明教师是一个匠人，所以拿一切文本都当作匠器下的材料，认为它毫无生命，岂不知文本本身的唯一性使其具备了不可替代性？当然，有人会说，作品是可以重读的。我不否认这一点，但在这个一切都趋向于碎片化阅读的时代，人们哪有时间重读经典呢？我常常跟学生讲，别不相信，某篇文字也许就是你人生当中唯一的一次阅读，而这唯一的一次阅读就是现在。

回到《背影》。如果我跟学生谈这篇文字，我会谈论什么？

首先，关于送别母题的选择。之所以说送别是一个文学性的母题，是因为就这样一个简单的行为，竟然会贯穿整个中国文学史。《诗经·小雅》说："昔我往矣，杨柳依依。"南朝江淹说："黯然销魂者，唯别而已矣！"唐李白说："李白乘舟将欲行，忽闻岸上踏歌声。"唐王维说："劝君更尽一杯酒，西出阳关无故人。"当代诗人食指说："我的心骤然一阵疼痛，一定是妈妈缀扣子的针线穿透了我的心胸。"别离似乎是一件无可奈何的事情，从古到今，迁徙成为常态，而由此延伸出来的游子思亲、家人念外也成为诗歌的另一个常见题材。古人因为交通不发达，一别万里，再见不知何日，因此格外注重别离。然而，这种情形到了现代，好像并未有多少改变。于是，朱自清笔下父亲送别儿子的场面虽然普通，却能击中许多人内心深处那根柔弱的弦。父母会想到当年曾经送别自己儿女的场景，儿女会想到父母曾经的叮咛，而这一切，发生在码头，发生在驿站，发生在车站，发生在机场。朱自清回忆父亲，会有诸多细节与场景，但他却单单选择了人生中一个永恒的送别画面，我想这不无受到中国古典文学的影响。

其次，为什么会是背影？张艺谋在其电影《千里走单骑》中评价日本演员高仓健，说"他的背影会流泪"。何以背影会寄托如此沉重的情感？朱自清说"这时我看见他的背影，我的泪很快地流下来了"。背影意味着远去，意味着留恋而不得。两人面对，相向而立，未来趋向是无限的逼近。两人相背，意味着决绝，未来趋向是无限的远离。而只有一人看着另一人的背影，你会感觉无能为力，远去是必然，留恋亦是必然，但留恋永远让位于远去。所以，当李白送孟浩然之广陵时，他的感觉是"孤帆远影碧空尽，唯见长江天际流"。人远去就如江水东去，你是挽留不住的，唯有无穷的寂寞在风中吹过。朱自清的感觉大约也是如此，何况他还有另外一番心事。

那就是，朱自清很隐晦地透露了其与父亲的矛盾。文中写道："近几年来，父亲和我都是东奔西走，家中光景是一日不如一日。他少年出外谋生，独力支持，做了许多大事。哪知老境却如此颓唐！他触目伤怀，自然情不能自已。情郁于中，自然要发之于外；家庭琐屑便往往触他之怒。他待我渐渐不同往日。但最近两年的不见，他终于忘却我的不好，只是惦记着我，惦记着我的儿子。"我们看他轻轻带过："他待我渐渐不同往日。"但实际情形远不止如此。因为封建家族理念的缘故，朱自清的父亲从来没有把朱自清当成一个平等的成人来对待，他捍卫的是对儿子的绝对权威。于是，在朱自清1921年回扬州任扬州省立八中教务主任时，父亲朱鸿钧凭借与校长的私交，直接拿走了朱自清当月的全部薪水。而不幸的是，朱自清并不是一个唯唯诺诺的人，为这事，朱自清愤然离家。从此父子失和。朱自清虽然是一个受新思想影响的进步青年，但他骨子里的传统思想从来就没有消失过。父子反目是他内心深处不能触碰的伤痛。

于是，在这样的情形下，父亲曾经的一个普天下父母亲都会做的举动——去为儿子买几个橘子，成为了朱自清最温暖与最歉疚的回忆。

这样说来，这篇《背影》除了写给自己，更多的是写给父亲，与他人无关。而据说在某年秋日的一天，在扬州一所简陋的屋子里，朱自清的三弟朱自华接到了开明书店寄赠的《背影》散文集，忙奔上二楼父亲的卧室，送给父亲朱鸿钧先睹为快。此时父亲朱鸿钧已行动不便，就挪到窗前，倚靠在小椅子上，戴上了老花眼镜，一字一句诵读着儿子朱自清的文章《背影》。我们便理解了向来文笔华丽的朱自清为什么在《背影》中文字却是如此的朴实。他去掉一切雕饰与修辞，不用比喻，不用拟人，有的只是儿子的一番絮叨话语，充满歉疚，充满温情。因为读者对象不一样。你看他别的文章是这样写的："燕子去了，有再来的时候；杨柳枯了，有再青的时候；桃花谢了，有再开的时候。但是聪明的，你告诉我，我们的日子为什么一去不复返呢？"（《匆匆》）这明显是写给小读者的，虽矫情但也天真。"那醉人的绿呀！我若能裁你以为带，我将赠给那轻盈的舞女；她必能临风飘举了。我若能挹你以为眼，我将赠给那善歌的盲妹；她必明眸善睐了。我舍不得你；我怎舍得你呢？"（《绿》）这是写给假想中的知己的，语言明显轻佻。即使是《荷塘月色》，也是这样："月光如流水一般，静静地泻在这一片叶子和花上。薄薄的青雾浮起在荷塘里。叶子和花仿佛在牛乳中洗过一样；又像笼着轻纱的梦。"柔美而朦胧，语言美得仿佛整过容似的。而唯有《背影》，不做作，不矫情，谁还能与自己的父亲矫情呢？

四、《项脊轩志》归有光需要"借书满架"吗

大凡念过中学语文的，即使没好好学，也应对《项脊轩志》颇为熟悉，尤其是文末"庭有枇杷树，吾妻死之年所手植也，今已亭亭如盖矣"，淡淡叙来，不知打动了几多人。此处且按下不表，单说开头描述项脊轩一段：

> 项脊轩，旧南阁子也。室仅方丈，可容一人居。百年老屋，尘泥渗漉，雨泽下注；每移案，顾视，无可置者。又北向，不能得日，日过午已昏。余稍为修葺，使不上漏。前辟四窗，垣墙周庭，以当南日，日影反照，室始洞然。又杂植兰桂竹木于庭，旧时栏楯，亦遂增胜。借书满架，偃仰啸歌，冥然兀坐，万籁有声；而庭阶寂寂，小鸟时来啄食，人至不去。三五之夜，明月半墙，桂影斑驳，风移影动，珊珊可爱。

每次读至此处，便对文中"借书满架"心存疑问。此段颇多注释，唯独对"借书满架"略而不顾，大约是认为一如白话，无甚可解。编文专家所给译文也无非是："借来的书籍摆满书架，我安居室内，长啸高歌。"

然而，不能释怀的就是：归有光需要"借书满架"吗？当然，古人借书未尝没有，袁枚写《黄生借书说》便提到"书非借不能读也"。然而，袁枚又说："余幼好书，家贫难致。"可见，借书主要是因为家贫无书。宋濂也借书，但借书情形是这样的："余幼时即嗜学。家贫，无从致书以观，每假借于藏书之家，手自笔录，计日以还。"（《送东阳马生序》）

所以，古人借书，大约多因为家贫无以致书以观，也可能是因为遇

见孤本善本，但也不至于"借书满架"。何况，史料记载，归有光富藏书。其父在成化初年，已筑书室百楹于安亭江上，名为"世美堂"。至归有光时又多方寻购。夫人王氏，亦极喜藏书，听说有零册散编，则令女仆访求，置书达数千卷。声称平生无它嗜，独好书籍，以冶性情。这样看来，归有光向他人借书，且借书还能满架，真真不能理解也！

那么，是否"借"字有误呢？古人刻本刻错抄错也是常有的事，诸如《红楼梦》，诸多刻本，不仅个别字不一样，情节还可能不一样呢！于是我开始查找关于归有光的古代刻本、抄本，寻章觅句。好在网络发达，只要用心，资料的搜集还是不大费周章的。

我欣喜地找到清初黄宗羲编选的《明文海》刻本影印版，结果是"措书满架"。

《说文解字》云："措，置也。"于是，此处"措书满架"的意思就是"书籍摆满了书架"。这样之前的疑问便可迎刃而解了，于情于理也讲得通。

然而，要证明一件事的正确，孤证往往不可靠。谁能证明黄宗羲写的一定是正确的呢？而且，人教版编选课文也遵循了无一字无来历的原则。"借书满架"来自哪里呢？

还真有！《四部丛刊初编影印明常熟刊本》之《归震川先生全集》，那里赫然工整地用宋体字刻着"借书满架"！看来人教版课文所依据的就是这个版本了。但他们为什么不依据黄宗羲的《明文海》呢？我想，大约不会因为一个是楷体手抄本，一个是宋体刻印本吧？

索性查找一切可能的版本，看看其中的变化。这个工作让我想起了我读刘禾的一本书《六个字母的解法》的感觉。

同样的《归震川先生全集》，在康熙年间刻本同一位置的"借"被改为了"积"。大约翻印者亦觉"借"不大合适，自作主张，换了一个"积"字。"积书满架"，当然可以理解了：堆积书籍，满于书架。虽有些杂乱无章，但身处项脊轩中，书架纷乱一些，更能表现自由不受约束的偃仰啸歌的状态。

然而，颇为不幸的是，到了道光年间，刻本又变回了"借"。

至此，我已经彻底困惑了。难道说，明代的常熟刊本是"借"，康熙归氏常熟版则改为"积"，道光南昌府学版又改为"借"，四部丛刊初编影印时仍为明代的"借"？只有特意强调"兹集蒐罗宏博，譬勘精详，观者无忽焉"的康熙归氏常熟版才改为"积"，却不被后人认可？

看来，这终于成为一桩悬案了。可是作为"借书"，总是耿耿于怀。看看《康熙字典》对"借"作何解释：

"资昔切，音积。义同。"看到没？

所以，即使写成"借书满架"，其义也应为"积书满架"。黄宗羲《明文海》抄本估计是乱抄了，因为其与其他版本不同处不止这一处。

不过，有看官可能言道：这又何必呢？不过是一篇文字罢了，"借"也好，"积"也罢，总归是满屋书籍，想想都觉得好有文化。我觉得也是如此，考据学有时未尝不是"吃饱了撑的"，就像我现在，学生复习备考，教室悄悄，虽雾霾依然，但也觉得出阳光在西斜，恍然有麻姑沧海桑田之感。诗云：

积书虽有理，借书且奈何？

考据烦琐罢，纷纷落花多。

五、关于杜甫《石壕吏》中的"老妇出门看"

某日，和几位老师聊起中学语文教学的现状，其中一个教授说到中学语文教师的学术专业问题。他举杜甫的《石壕吏》来说：好的语文教师应该带学生把字读对了；更好的语文教师能够告诉学生古代诗歌都是押韵的，现在读起来不押韵了，是因为时代发展变化，语音也发生了变化；但却有老师说诗句错了，不应该是"老妇出门看"，而应该是"老妇出看门"，正好与"村"相押，岂不知前四句押的是"十三元"。我虽然从上学起背的就是"老妇出门看"，没质疑过此处是否有误，但既然有老师作如此判断，是否有其道理呢？

于是回来后，我首先做了一项工作，查了一下"人"字，"十一真"韵，还真不是"十三元"韵！再查"看"，"十四寒"韵，也不是"十三元"韵。倒是"门"属"十三元"韵。

这下便好玩了。且抄写《石壕吏》开篇四句，如下：

> 暮投石壕村，有吏夜捉人。（十一真）
> 老翁逾墙走，老妇出门看。（十四寒）

杜甫这首诗四句一转韵，按照常理，双句要押韵，即"人""看"相协。此处"看"应念平声，而非去声，也就是那位教授所言读诗首先要念对了。首句可入韵，亦可不入韵，也就是不能根据"村"属"十三元"而断定这几句就押"十三元"韵。

这些暂按下不表，且扯一段闲话。

因为语音的发展变化，很多字的读音现在与古代有比较大的差异。且不说回到春秋时期，我们根本听不懂孔子的讲话，就是回到唐代，也未必听得懂杜甫的吟唱。你看《平水韵》中"十三元""十四寒""十五删""一先"等，在古代韵书里分属不同的韵，写诗是不能错的。比如《红楼梦》里香菱学诗一节，黛玉为香菱确定了一个"十四寒"韵，让她随便用，香菱着了魔一般。探春隔窗笑说道："菱姑娘，你闲闲罢。"香菱怔怔答道："'闲'字是十五删的，你错了韵了。"众人听了，不觉大笑起来。连香菱都知道闲与寒不是一个韵，但我们现代人却已经无法辨别其差异了。或者说在现代普通话里，这几个韵根本就没有区别。大学期间，我虽然修过一个学期的音韵学，也背过"知徹澄娘、帮滂并明"等，但确定一个韵还得翻韵书。

言归正传。《石壕吏》中的"村""人""看"不属于一个韵是真的。

然而，杜甫老先生，人家是会作诗的。对用韵一事，我们毫不怀疑杜甫的正确性。

不过，先得弄明白，读成"老妇出看门"是不是那人自己大胆地改造？

我查阅了康熙圣祖仁皇帝《御定全唐诗》（影印古籍）卷二百十七，找到了杜甫的《石壕吏》。双列小注赫然在线！"人"下注："如延切，见烈女颂"；"看"下注："一作看门，一作首"。由此可知，至少在康熙年间编订《全唐诗》时，"老妇出门看"的传抄版本还有"老妇出看门"与"老妇出门首"两种。"首"我疑心是"看"的误写，因为"首"与"看"两个字非常相似。而"出看门"是有的。于是之前那位中学老师"胆大"之处也可理解了，人家可能不是胆大，任意篡改，而是有所本的，只是我们有时孤陋寡闻又不愿去翻阅资料罢了。这让我想起苏轼的一句话："事不目见耳闻而臆断其有无，可乎？"当然是不可以的，不然会贻笑大方的。

那么，有没有采用"老妇出看门"这一版本的呢？

当然有。清人仇兆鳌的《杜诗详注》采用的就是"老妇出看门"。《杜诗详注》最早刊成于康熙四十二年（1703年），有人以为其论杜集注释之详赡，300年间无人能敌。他对"出看门"做了比较详细的解释："此诗各四句转韵。村、人与门叶，古入真韵。白乐天《北村》诗：'晨游紫峰阁，暮宿山下村。村老见予喜，为予开一樽。'村叶七伦切，樽叶踪伦切。《国风》：'出自北门，忧心殷殷。'荀卿《赋篇》：'往来惛惫，通于大神。出入其极，莫知其门。'门俱叶眉贫切。刘氏作出门首，是村与人叶，走与首叶也。以下文例之，不宜两句换韵。旧本作出门看，与人字相叶，人读如延切，本刘向《列女颂》。看读丘虔切，本吴迈远《长相思》诗。依此，则人看可叶，而村字未合，与下文亦不相符……'看门'，守门也。"

这段文字除去引用白居易及《国风》等资料，并对韵脚作了反切注音外，中心意思就是"出看门"是对的，因为村、人与门叶韵，古入真韵。而作"出门看"呢，"人"应读如延切（音然），但却与"村"不合。我无法讨论其合理性，因为仇先生一句"古入真韵"证明了自己的学识。

但《全唐诗》正文中抄写的是"老妇出门看"，只是在小注里指出另外的版本，亦说明流行的是"老妇出门看"这一版本了，而且现在见到的各种唐诗选本也都是"老妇出门看"。可见，选文方家并不因为清人仇兆鳌的说法而改了语序。

我亦疑心"老妇出门看"才是杜甫原诗的样子。用"出门看"作为关键词在《全唐诗》中搜索，搜索结果有很多，尤其是有一句"闻有送书者，自起出门看"（白居易《酬吴七见寄》）与杜甫的句法一样，都位于诗句末尾。而以"出看门"为关键词搜索，竟然没有一例。由此可见，"出门看"更加符合唐代诗人的用语习惯。

那么，韵脚呢？"村""人""看"不在一个韵脚上。但这个问题前人已经有诸多论述。如清朝人何焯有一本书《义门读书记》，谈到《石壕吏》时说："苏润公本作'出看门'，盖疑'看'字为不叶，不知'真、文、元、寒、山'同收上颚音，古诗为此叶者多矣。近世名儒或又疑此句无韵，更拘滞也。"何焯说得很明白，《平水韵》中的十一真、十二文、十三元、十四寒、十五删，同收上颚音，可以同押。近人高步瀛在《唐宋诗举要》中也说："此诗子美用古韵也，唐韵村魂韵、人真韵、看寒韵，古韵皆可相同，后人不明古韵，纷纷改之，非也。"

而且从语意上讲，"老妇出门看"更具口语性，写出了老妇人战战兢兢出门张望的情态。然而，这也只是据理推测罢了。

也许有人会问，考据这些有何意义呢？实际上，我虽然学的是中文，但并不是专业人士，远比不上博士教授什么的。然而，几十年的教学经历使我养成了在专业上谨慎的习惯，就像《狂人日记》中狂人说的，"凡事总须研究，才会明白"。

参考文献

[1] 威金斯，麦克泰格.追求理解的教学设计：第2版[M].闫寒冰，宋雪莲，赖平，译.上海：华东师范大学出版社，2017.

[2] 威金斯，麦克泰.理解为先模式单元教学设计指南（一）[M].盛群力，沈祖芸，柳丰，等译.福州：福建教育出版社，2018.

[3] 加涅.教学设计原理[M].王小明，译.上海：华东师范大学出版社，2018.

[4] 高恩静，卡雷恩，卡普尔，等.真实问题解决和21世纪学习[M].杨向东，许瑜函，鲍梦颖，译.长沙：湖南教育出版社，2020.

[5] 索耶.剑桥学习科学手册：第2版[M].徐晓东，杨刚，阮高峰，等译.北京：教育科学出版社，2021.

[6] 泰勒.课程与教学的基本原理[M].北京：中国轻工业出版社，2014.

[7] 马扎诺，肯德尔.教育目标的新分类学：第2版[M].高凌飚，吴有昌，苏俊，译.北京：教育科学出版社，2012.

[8] 马扎诺.教学的艺术与科学[M].福州：福建教育出版社，2014.

[9] 王荣生.语文科课程论基础：2021版[M].北京：中国人民大学出版社，2021.

[10] 夏雪梅.项目化学习设计：学习素养视角下的国际与本土实践[M].北京：教育科学出版社，2018.

[11] 布兰思福特.人是如何学习的：大脑，心理，经验及学校[M].金莺莲，洪超，裴新宁，译.上海：华东师范大学出版社，2013.

[12] 哈蒂. 可见的学习：最大程度地促进学习：教师版 [M]. 金莺莲，洪超，裴新宁，译. 北京：教育科学出版社，2015.

[13] 叶圣陶. 叶圣陶语文教育论集 [M]. 中国教育科学研究院，编. 北京：教育科学出版社，2015.

[14] 余文森. 核心素养导向的课堂教学 [M]. 上海：上海教育出版社，2017.

[15] 中华人民共和国教育部. 普通高中语文课程标准：2017版2020年修订 [M]. 北京：人民教育出版社，2020.

[16] 苏霍姆林斯基. 给教师的建议：全一册 [M]. 杜殿坤，编译. 北京：教育科学出版社，1984.

[17] 马扎诺，皮克林. 培育智慧才能：学习的维度教师手册 [M]. 盛群力，何晔，张慧，等译. 福州：福建教育出版社，2015.

[18] 莫斯，布鲁克哈特. 聚焦学习目标：帮助学生看见每天学习的意义 [M]. 沈祖芸，译. 福州：福建教育出版社，2020.

[19] 罗卡. 现象式学习 [M]. 葛昀，译. 北京：中信出版集团股份有限公司，2021.

[20] 李卫东. 基于大单元学习的深度阅读和真实写作 [J]. 中学语文教学，2020（3）：12—15.

[21] 王云峰. 高中语文学习任务群的评价问题 [J]. 中学语文教学，2017（3）：12—15.

[22] 王宁. 实施《普通高中语文课程标准》（2017版）的关键问题 [J]. 人民教育，2018（6）：38—40.

[23] 王荣生. 事实性知识、概括性知识与"大概念"：以语文学科为背景 [J]. 课程·教材·教法，2020（4）：75—82.

[24] 闫存林. "不畏浮云遮望眼"：谈基于标准的语文学习 [J]. 基础教育课程，2018（17）：56—61.

[25] 郑桂华. 高中语文学习任务群的教学建议 [J]. 中学语文教学，2017（3）：9—11.

［26］Brookhart S M. How to Create and Use Rubrics for Formative Assessment and Grading [M]. ASCD, 2013.

［27］Mctighe J, Wiggins G. The Understanding by Design Handbook [M]. Alexandria: ASCD, 1999.

［28］Wiggins G, McTighe J. The Understanding by Design Guide to Creating High-Quality Units [M]. Alexandria: ASCD, 2011.

［29］Mctighe J, Wiggins G. Essential Questions: Opening Doors to Student Understanding [M]. Alexandria: ASCD, 2013.

［30］Miller K. Bloom's Taxonomy and Webb's Depth of Knowledge [EB/OL]. https://www.synergiseducation.com/blooms-taxonomy-and-webbs-depth-of-knowledge/ 2018.

［31］Stevens D, Levi A. Introduction to Rubrics: An Assessment Tool to Save Grading Time, Convey Effective Feedback, and Promote Student Learning [M]. Virginia: Stylus Publishing, LLC, 2005.

［32］Reeves S, Stanfont B, et al. Rubrics for the Classroom: Assessments for Students and Teachers [J]. The Delta Kappa Gamma Bulletin, 2009, 76(1): 24-27.

后记

一、静水流深

我大约还是很会讲课的,而且属于那种站在讲台上便会滔滔不绝的人。总觉得将自己较为深刻的思想传达给学生,该是怎样一件幸福的事情呢!

每次读到梁实秋先生所写的《记梁任公先生的一次演讲》,对梁任公先生讲课能给学生留下那样深刻且富有情感的印象,便心向往之。后来,随着教龄的增长、经验的累积,许多熟悉的经典课文已经到了脱口而出的境界,自己看书也较多,且亦不怠于思考,所以也总能发轫于心。

于是,教学生活平静地继续,觉得没有波澜,以三年为一周期重复着熟悉的生活。

静水流深。波折与挑战也并不是因了环境的变化而引发的,虽说环境的变化会让人面临一定的适应期。然而,即使你熟悉的环境与熟悉的职业也会让你突然陷入一个极其陌生的状态,让你彻底怀疑自己深厚的职业素养,进而怀疑自己。

那是怎样的挑战呢?

不是知识的疾速更新,也不是领导让你做你之前绝没有做过的事情。你做梦都想不到那挑战居然来源于你熟悉的教学领域,换言之,来源于看起来你觉得非常熟悉的学生。

二、直面挑战

那是我工作的第 12 个年头。一日下午,我刚刚上完课。那是一节高三的现代文复习课,由一篇作家的散文延伸开去,谈了很多文艺理论及散文中的"我"何以重要。

夏日的课堂,那会儿还没有安装空调,几个风扇在教室的天花板上懒散地转着,倒是颇吻合沉闷的课堂。我一说下课,便歪倒了一片,完全不是我想要的那种年轻人的生龙活虎。

高三嘛,我在心里告诉自己。画外音便是高三的常态便是疲惫,与我何曾相干?

我走出教室,夹了书本,带着满身的粉笔灰准备回办公室。

"老师,能和你谈谈吗?"一个戴着眼镜的女学生,瘦削的脸上充满恼怒。旁边还跟着一位女学生,两臂挽着那瘦削的姑娘,也是满脸的挑衅。

"好啊,"我赶紧说,满脸带着笑,是那种温和的笑,"咱们到这边的沙发上坐坐。"

那学生先不坐,很大声地说:"老师,你知道吗?我觉得我们的复习效率非常低!我们光听您讲了,好像什么也没练到!"周围别的班的学生忽然向这边看过来,我迅速扫视了她们一眼,忽然觉着自己脸涨红起来。

"你们先坐下,咱们慢慢谈。"我抑制住自己惊讶而有些愠怒的情绪,缓缓地说。

旁边那个仍带着笑意的女学生拉她坐下,我看得出她一脸的幸灾乐祸,因为我没看出半点儿要帮我打圆场的意思。于是我明白,我面对的不是一个学生,而是两个学生。或许还有很多学生?我忽然觉得她们俩陌生了许多,全不像我教了一年多的学生。

"我们都高三了,您课上都说的什么啊!和考试没有一点儿关联。那么多同学在做其他学科的作业，不是很说明您的课没有用吗？也许您也说了一些阅读的方法，但这效率也太低了吧！我们已经高三了，我们没有多少时间需要浪费！"女生瘦削的脸上很是冷静，并没有因为着急而有丝毫的磕巴。

"是啊，您看看别的班的语文老师。"那一直笑嘻嘻的女生补了一刀。

"你们俩的语文成绩不是挺好的嘛！"我尽量让自己微笑着说，但感觉得到，那微笑已经僵硬在我的脸上了。

"那是因为我们底下自己做了很多练习册！"依然是这个笑嘻嘻的女学生，"我们很多人都自己买了练习册来做，感觉到您有些不靠谱。"

"您可以问问其他同学，很多人对您的教学很不满意！"

"当然，我们也承认，您很有学识。但您有学识，您得想怎么也让我们有学识啊！您一个人讲那么多，我们都没时间去练习！"

我忽然想起上学期评教评学，有不满意的几个人，我疑心肯定就有她们俩。

你不知道，我已经忘了当时我们是怎样结束谈话的，不是因为过了十几年，而是因为当时基本上就觉着自己没有说话一样，那灵魂已在高处飘荡，看不清几个人在说什么。

三、痛苦反思

我惊讶，愤怒，自责，平生第一次觉得自己的教师尊严受到了极大的挑战。你会觉得忽然就不认识自己，不认识学生了。这是挑战吗？当然是。你以为跨越一个新的领域重新开始那才叫挑战吗？你以为完成一个谁都觉得不太可能完成的任务才叫挑战吗？不可否认，这些是挑战。但这些挑战更多挑战的是你的勇气和坚韧，就如同海明威《老人与海》笔下的老人战胜大马林鱼与无数鲨鱼需要的决不服输的精神与勇气。而我忽然面对的挑战竟然是否定自己，因为别人的否定而让我怀疑自己。

我不希望自己在未来的某个时期仍会遇到这样的情形。因为它会让你陡然从形而下的具体的教学形态上升到虚无的形而上。

我失眠了，脑海中辗转反侧的是一句话："很多人对您的教学很不满意！"这句话从两个女学生口里说出，竟让我遁入无形的无聊之中。女生细致，心思缜密，情感亦丰富，所以才有这样恨恨的想法。那些男同学呢，估计都懒得跟我矫情这些，直接去做自己的数学题，不时还假装看你一眼，表示配合。

你的教学存在问题。这不是校长说的，而是学生说的。如果是校长说的，我想我还不至于如此肝肠寸断。因为作为教师，只要有学生，有学生的信任和爱，就有一切。

而失掉学生，你就失掉了一切。除非你解甲归田弃笔从戎逃离樊笼不做教师。

我会自怨自艾吗？我会怨恨学生吗？

他们还是孩子，而孩子要说真话，就如同《皇帝的新装》里的小孩一样。

忽然我释然了很多。因为我意识到了我的职业所面对的学生的本质特点。他们是孩子，他们是成长中的孩子。作为教师，有时候我们很容易迷失我们的教育对象，我们会用各种师道尊严来建立威信，进而压制学生，觉得他们听话才是好学生。这样，我们往往会看到学生的两个自我，一个是他们自己世界里的自我，一个是表现给成人世界、表现给老师的自我。殊不知，我们看到的居然是假象。那么学会表演自我的孩子们难道不正是我们教育的结果吗？而教育的本质应该是使人成为一个更好的自我。

那两个孩子敢于表达自己的看法，虽然令你不快，而且还让你尊严受损，但这不正是我们的教育希望的结果吗？不惧权威，有理有据，敢于争取自己的权益。我如同鲁迅的小说《一件小事》中的"我"，在学生面前被榨出了"我"的小来。所以，面对如此"尊严"受损的情势，我让自己能够从虚无中脱离出来，重要的一点就是我重新思考了教育的本质与学生之所以为学生的理由。做教师，真不单单是具备学科专业知识就行的，眼里没有学生，学生便会渐渐远离你，不是物理距离的远，而是心理距离的远，换言之，咫尺天涯已矣哉！

我眼里真的没有学生吗？我心里一跳。这个想法像个火花一样忽隐忽现地闪烁。如果有，此时此刻为什么会强烈地产生一种陌生感？大约是没有的。你看你整天都在讲，占据了讲台，仿佛像个布道者一样，滔滔不绝，从来没有仔细了解学生的想法。他们现在进入高三，心里多么着急！他们也想让自己在答题中拿到分，而不是每天听深奥的文艺理论！他们觉得没有收获是因为我没有切实为他们考虑。

四、认识自我

我已经工作了十几年，如今忽然怀疑起了自己，于我来说，真真遇到了极大的挑战。实际上人们是很容易生活在一个舒适区的，教师也是一样。工作时间长了，经验自然丰富起来，但很多不是教育的经验，而是教书的经验，尤其是如果你的教学资源没有什么变化的话，你就很难去寻找一种改变，因为这样好像一直没有人去质疑，包括你的客户——学生。进入舒适区的最大表现特征就是你很少去关心他人的感受。于是我需要思考一下，我的舒适区是什么，何以让我陷入不自知的境地。

首先，我对我拥有的专业知识很自信，加上我喜欢不断读书，不断更新自己的知识，竭力让自己用一个专业者的态度对待自己的这一份职业。这很好，每一位教师都应该有这样的自信、这样的终身学习的态度。但极度的自信就有可能将讲台变成展现自己才华的地方，而且自己觉得这样的感觉很好。现在想来，我们有一些老师，面对一道题的解说，寥寥几句话而过，当学生表现出不解的表情时，那些老师惊讶又略带鄙视地说："这都不会，这么简单！"那心理脆弱、怕面子有损的学生便可能从此闭上了嘴巴。

其次，经验这个名词极容易让我们陷入固步自封之中。在一个长老社会中，秩序的建立就是基于人生的经历与生活的经验。房龙在《宽容》里说，在无知山谷里，人们过着幸福的生活。那里的长老便代表着经验，从而建立了高度的权威，无人敢去质疑。所以，经验逐渐丰富的另一个危机就是让人陷入舒适区。在这里，舒适区是一个贬义词了，因为孟子早就说过，"生于忧患，死于安乐"。我的教学经验逐渐丰富起来，程式化的教学流程运用起来游刃有余，课文早已经滚瓜烂熟，不用翻开课本也可以张口就来。

其实，除了舒适区因为缺乏他者的观照给人带来的自我迷失之外，还有随着经验与年龄而来的师道尊严。从与学生接触的亲密度来看，一般教师大约会经历三个阶段。第一，亲密无间期。大约是初入职的年轻教师，刚刚迈出大学的校门，还脱不了学生的校园稚气，有的是时间，有的是朝气，每天与学生打成一片，甚至称兄道弟，没有师生的界限。第二，刻意疏远期。随着年龄的增长，觉着与学生如此亲密，没有界限，淹没了教师的身份职责，无论怎样的人格平等，师道尊严还是要讲的。第三，随心所欲不逾矩期。大约已是老年教师，温和早已写在了脸上，学生已经以奶奶爷爷来称呼了，对学生严厉与温和并存，对于教师的职责与本质的理解早已化在平时的一举一动之中。所以，正是在你有了十余年的经验后，恰恰觉得为师的尊严很重要，来不得一点儿对你教学的质疑，更何况还是来自你的学生。

五、理性突围

我很感谢这两个孩子，让我第一次面临自己教育教学理念的转变。

我放低了自己的身段，开始低下身子与学生做平等的交流。首先，花一节语文课和同学们深入交流：

昨天有两位同学跟我交流了近期的语文课堂情况，觉得我们的语文课效率颇低。虽然观点尖锐了一点儿，但她们很是真挚诚恳。开始我真的很是惊讶、生气、失望，你们想，我觉得我一直就是勤勤恳恳，为了大家语文素养的提升，觉得她们这样的指责应该是误解了我。然而，同学们，我想清楚了，虽然痛苦难过，但我确实存在问题。有时候大家不好好学习语文，我觉得都是你们的问题，很少去想你们的问题究竟和我有什么相关。我是你们的老师，你们无须怀疑的就是每一个老师都希望自己的学生好，我也不例外。但真的抱歉，有时会让你们失望，没有切合同学们的需要。古语说，教学相长。我想你们也不会拒绝我的成长吧。

学生的眼睛一下子亮起来了，他们比平时讲任何东西时都更加振作起来，也没有趴在桌子上打瞌睡的了，也不做不知哪科作业了。从中我读出了理解，读出了包容。这并不难，我心里想。勇敢地向同学们承认自己的不足与问题，只要你表现出改变的倾向来，他们会愉快地接纳你的。

之后，我让同学们拿出一张纸，分两列写下："一、你觉得现在的语文课存在的问题；二、你心目中理想的语文课是什么样子。"后来，我索性将"你心目中理想的语文课"这样的问题发到人人网上，让那些已经毕业了的学生发表自己的见解，从而让他们作为他者来观照我的语文课堂。

不是所有学生提出的问题或建议都是合适的。我们也不必媚俗迎合学生。你毕竟是教师，你有你的主导思想。然而，他们的心声终究是你改变的动力和初衷。

于是，我的静悄悄的课堂革命便开始了。我将学生的意见收集起来，去粗取精，一列是"现实"，一列是"理想"，最后画个评教评学满意度的笑脸。

现实的问题是老师讲课总是延伸太多，好像根本没有备课似的。

我开始认真研究教学目标，在教学目标的叙写上下功夫，将教学目标真正落实到位。采用 ABCD[①] 的叙写方式将学习的主体放在首位。下课后反思自己的教学目标有多少达成，还有哪些未达成，原因是什么。

现实的问题是老师讲得太多，学生的注意力很难保持长久，任谁都会困的。

针对高三的学习情形，我采取了下面的做法：学生先阅读思考，尝试

[①] ABCD 是叙写教学目标的一种模式。A 指对象（Audience），B 指行为（Behavior），C 指条件（Condition），D 指标准（Degree）。

提出问题，然后将问题写在黑板上，与同学一起对问题进行归类和质量判定。在这样的分析问题的过程中，很多问题就得到解决，剩下的无法解决的问题交给我，正好是我大显身手的时机，学生也不会觉得我讲得过多了。

你看得出自己在改变，或者说在进行一场革命。革命即变革，你会发现变革之中充满着朝气，原先那种昏昏沉沉的课堂氛围渐行渐远。

面对挑战，你需要知道挑战由何而来，你需要知道它最致命的是指向你身心之中哪个薄弱之处。因为也许由于你长期良好的舒适感遮蔽了要命的一处，而当某一天突然爆发时，你会手足无措。当然，重要的是你要行动，因为自怨自艾，抱怨不公，均无济于事。领导的误解与不公你尚可抱怨，但抱怨学生对你的态度却毫无用处，因为这正如一个电商平台抱怨客户一样。你是提供服务的，而服务质量的高低只有客户才有资格评价。所以，你可以幽怨片刻作为情感宣泄的暂时途径，但你需要行动，与学生一起去改变现状。

那会儿正好读到一本书——《谁动了我的奶酪》。书中谈到，假如我们觉得应该拥有这些奶酪，我们有资格拥有这些奶酪，那么当奶酪消失的时候，你只会拼命喊"不公平！"，或者竭力认为这是一场梦，从而逃避现实。而那两个老鼠则不是这样，它们开始迅速行动，去别的地方寻找新的奶酪，甚至连头都没有回一下。

列位看官，我跟你们讲这件事的重要原因就是，有些挑战你是无法躲过的。生活中有很多挑战是可选择的，你可以选择勇敢地迎接挑战，你也可以选择拒绝接受这个挑战，你是主动的，决定权在你。

现在想来，我之所以能够面对挑战，是因为自己永远对未知抱持一种开放的态度，决不封闭了自己。

六、革命性的改变

不过，革命性的转变是从 2017 年开始的。从这一年开始，我认真研究以核心任务推进的方式实现从教到学的转变。那年，刚刚结束了一轮高三教学，正值《普通高中语文课程标准（2017版）》正式颁布，语文核心素养已经成为语文老师不断提及的新词语，任务群的提出也令老师们开始反思传统的语文课堂。我和备课组老师一起设计了"非虚构文学作品阅读"专题、"短篇小说阅读"专题、"中国现代诗歌阅读"专题等，但似乎都缺失一个核心任务来驱动。

一日，阳光正好，虽已看得见冬季，但也不是很冷。李希贵校长来到我们备课组，好像不经意地说道："你们看看，是否可以把语文学习和即将到来的狂欢节结合起来呢？这样可以营造一个真实的语文学习情境。"彼时，我们正在准备一个学习单元，内容是史传中的侠义文学，从《史记》《汉书》以及唐传奇、清人笔记里选择若干侠义人物让学生学习，体会中国传统的侠义精神。按照预定的设计，让学生自己批注阅读，发现问题，教师组织讨论，进行讲解。然后设若干专题，让学生分小组研究汇报。希贵校长坐在椅子上，一手托腮，静静地听我们说完后，慢慢说道："可不可以让学生选择一个侠义人物让老师扮演呢？"

"这个想法好！不过，学生可能就读一篇文字就可以了。"一位老师小心疑惑道。

"那就看设计怎样的子任务去规避这样的情形发生。当然，你们也可以思考，是不是所有的文本资源都需要学生阅读呢？是不是让学生有选择性呢？"希贵校长笑道，"你们再仔细研究研究。"

那我们先将学习目标写出来，正所谓"工欲善其事，必先利其器"。学习目标尽量具有可操作性。换言之，良好的学习目标是学生能够理解并可执行的。

1. 选出五个侠义人物，用关键词从三个方面概括每个人物的主要特征并进行比较，分别说出他们之间的一个相同点和一个不同点。

2. 结合材料，立足于历史与现实，从三个维度对侠义人物作出评价。

3. 说出侠义文化对社会主义核心价值观有正面影响的三个方面。

我们很得意于自己的学习目标的设计，觉得既简洁又能框住我们接下来的学习，不至于漫无边际，什么都想得到。

那核心任务的学理依据呢？我们将这个问题抛给校长。"我们可以借鉴韦伯的知识深度理论，"希贵校长两手撑着桌子，"DOK 理论将学生的认识水平分成四个层级，其中第一和第二层级分别是'回忆和重现''技能和概念'，第三和第四层级分别是'策略性思考和推理''拓展性思考'。一个真正好的学习任务应该根据四个层级中的第三层级甚至第四层级来设计，即从问题解决与应用、思维迁移与创造层面来设计。"校长停顿一下，抬起手在空中一挥，"这样的设计会在两个维度上实现突破：一方面，认知的复杂性上升到了第三或第四层级；另一方面，一旦任务的复杂性到了第三层级，学生的自主性就会大大提高，这样就可以从以'教'为主变成以'学'为主。"

我一直忘不了这个场景，那是在 2017 年冬日的某个周六。宽敞的功能教室里洒满了阳光，我们都沉浸在一场学习变革的兴奋之中。

后来，以此为起点，我们设计出了一系列以任务为驱动的语文学习单元，开启了从教到学的变革。

七、结语

在这场面向未来的教与学的变革中，我感谢我的语文学科团队。没有他们的支持与积极的实践探索，从教到学的理念就很难落地。

我感谢与我一起设计、烧脑、度过四年的备课组老师，他们是刘伟老师、贾骄阳老师、何其书老师、王苗老师、赵楠老师、王妍思老师、吴涛老师、葛方圆老师、李志勇老师、李艳琴老师，本书中的诸多案例都是我们集体讨论碰撞的思想的结晶。每位老师都有深沉的教育情怀和强烈的责任感，

后 记

他们无私的付出和无限的支持常常令我感动。

我感谢李希贵校长，他的信任给了我施展的空间，他的睿智常令我柳暗花明，而他有意无意的督促又常常逼走我的惰性。

我感谢沈祖芸老师，她思维缜密，又善于梳理，总能发现别人的闪光点，几年来，确定无疑，她就是我们这个不断奋斗的备课组的一员！

实际上，最应该感谢的是我的妻子，一个兢兢业业的英文老师。给了我无微不至的关爱，让我永远对生活怀着单纯的挚爱。

当然，这本小书，如果不是源创图书张万珠先生的约稿与不断督促，估计是不会问世的。他总是请我去喝咖啡，我们能从写书聊到世界的未来。

愿教育永远美好！

闫存林

于北京市海淀区玉泉路66号